BIM情境与建设项目跨组织关系相互作用机理的实证研究

谭 丹 /著

北京大学出版社
PEKING UNIVERSITY PRESS

内 容 简 介

本书综合应用社会交换理论和交易成本理论等理论，通过案例研究方法和质性分析方法与工具，深入探索和科学理解 BIM 情境与跨组织关系的相互作用机理和行为机制，验证相互作用的理论模型和假设。识别了 BIM 情境→沟通行为→跨组织关系→BIM 推动行为→BIM 情境与跨组织关系的相互作用机制，探索了建设项目 BIM 成功实施路径，提出了建设项目各参与方的决策者合理规划和实施 BIM 策略的建议，以推动 BIM 在建设项目中的应用，从而改善建设项目跨组织关系。

本书可供高等院校工程管理、土木工程、建筑学等专业的师生参考使用，也可供工程建设行业专业技术人员、管理人员及政府管理人员阅读借鉴。

图书在版编目(CIP)数据

BIM 情境与建设项目跨组织关系相互作用机理的实证研究 / 谭丹著. —北京：北京大学出版社，2019.1

ISBN 978-7-301-30184-5

Ⅰ.①B… Ⅱ.①谭… Ⅲ.①建筑项目—项目管理—研究 Ⅳ.①F407.9

中国版本图书馆 CIP 数据核字（2018）第 298965 号

书　　名 BIM 情境与建设项目跨组织关系相互作用机理的实证研究
BIM QINGJING YU JIANSHE XIANGMU KUA ZUZHI GUANXI XIANGHU ZUOYONG JILI DE SHIZHENG YANJIU
著作责任者 谭　丹　著
策 划 编 辑 赵思儒　李　虎
责 任 编 辑 赵思儒　刘健军
标 准 书 号 ISBN 978-7-301-30184-5
出 版 发 行 北京大学出版社
地　　址 北京市海淀区成府路 205 号　100871
网　　址 http://www.pup.cn　新浪微博：@北京大学出版社
电 子 信 箱 pup_6@163.com
电　　话 邮购部 010-62752015　发行部 010-62750672　编辑部 010-62750667
印 刷 者 北京虎彩文化传播有限公司印刷
经 销 者 新华书店
720 毫米×1020 毫米　16 开本　14.5 印张　186 千字
2019 年 1 月第 1 版　2019 年 1 月第 1 次印刷
定　　价 52.00 元

前　言

国内外大量研究表明 BIM（Building Information Modelling，建筑信息模型）能为建设项目带来增值作用。目前我国 BIM 应用成熟度仍处于较低水平，存在组织相对分散、缺乏系统管理等问题，究其原因是建筑业传统的业务模式并未随着 BIM 的引入而发生根本性的改变，而 BIM 具有典型的跨组织特征，影响了项目各参与方间相互依存的工作活动与流程。因此，本书对 BIM 情境与建设项目跨组织关系之间的相互作用机理进行深入探讨，对建筑业创新技术应用扩散与发展具有长远和深刻的理论与实践价值。

本书内容来源于作者长期从事建筑业 BIM 技术扩散领域研究的成果，综合应用社会交换理论和交易成本理论等理论方法，深入探索和科学理解 BIM 情境与跨组织关系的相互作用机理和行为机制。通过案例研究方法和质性分析工具验证相互作用的理论模型和假设，发现了 BIM 情境→沟通行为→跨组织关系→BIM 推动行为→BIM 情境与跨组织关系的相互作用机制，研究成果为临时性组织间的跨组织关系和跨组织技术创新等理论提供了有益的补充，并以此来说明建设项目进行跨组织技术创新时必须考虑的相关因素，为学术界提出新的思考和研究方向提供有益的参考。

本书共包括 7 章，前 3 章在对国内外相关文献和实践经验的梳理和总结的基础上，结合阻碍 BIM 应用因素的问卷调查与分析，对 BIM 情境及建设项目跨组织关系的关键要素进行识别；第 4 章，针对上述关键要素间的相互作用方式进一步进行问卷调查与分析，构建 BIM 情境与跨组织关系相互作用的理论模型，并提出理论假设；第 5—6 章，采用多案例研究及质性研究方法，按照逻辑复现原则，通过比较和分析各个要素在不同应用范式中的异同，对 BIM 情境要素与跨组织关系要素间的相互作用方式的相关理论假设进行验证；第 7 章，基于前述的分析结果，提出中国建设项目 BIM 应用的建议和实现路径。

本书编写过程中得到了同济大学王广斌教授、贾广社教授、戚淑芳博士、曹冬平博士的倾力指导，以及建筑业各方面专家的大力支持，还得到国家自然科学基金面上项目“基于 BIM 技术的工程项目组织与流程情境仿真与优化”（项目编号：71471138）、国家自然科学基金面上项目“BIM 情境下建设项目契约治理的内在机制及结构优化研究”（项目编号：71272046）、上海市科委课题“大型主题乐园 IPD/BIM 集成建设模式关键技术及应用示范研究”（项目编号：14DZ1207104）等的资助，在此表示衷心的感谢。

限于著者的水平和调查研究有限，本书编写难免存在遗漏或不足之处，恳请广大读者批评指正。

著　者

2019 年 1 月

目　录

第 1 章 绪 论

1.1 研究背景

国家统计局相关统计数据表明（图 1.1），2012 年我国建筑业总产值达到 137218 亿元，是“十一五”期末（2010 年）的 1.43 倍，

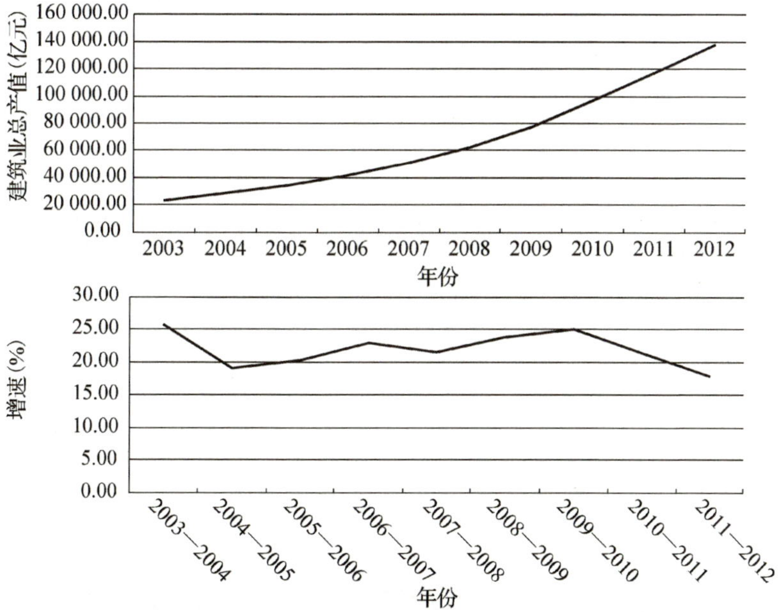

图 1.1 2003—2012 年我国建筑业总产值及其增速趋势图

（数据来源：国家统计局网站 www.stats.gov.cn，2013）

是“十五”期末（2005 年）的 3.97 倍。虽然受国家宏观经济结构调整等因素影响，自 2011 年起建筑业总产值增速连续两年放缓，但 2012 年增长幅度仍达 17.82%。上述数据表明建筑业产业规模保持着持续稳步扩大的态势。

虽然建筑业产业规模逐年扩大，但建筑业在本质上仍属于劳动密集型产业，对物资资源消耗极大，受宏观政策影响大，劳动生产率相对较低，新技术应用扩散缓慢，这也导致了建筑业长期以来呈现出低效、浪费大、控制难、信息损失大等问题。

斯坦福大学的研究数据表明，在 1964—2009 年间，非农产业的劳动生产率翻了一番，而建筑业的劳动生产率却增长缓慢（Teicholz，2004），如图 1.2 所示。

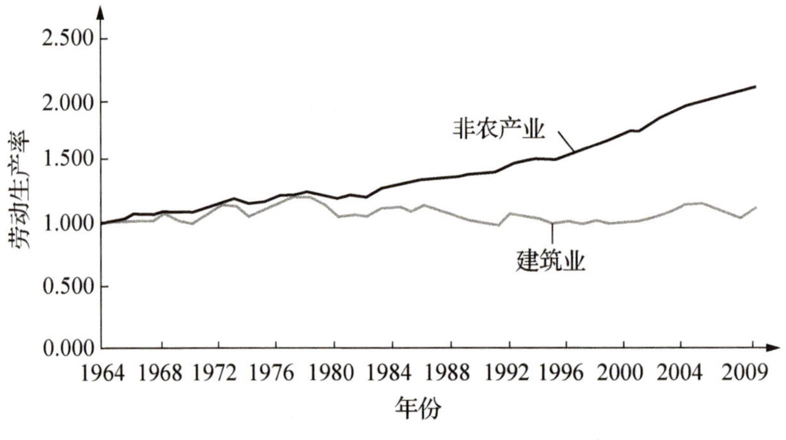

图 1.2 1964—2009 年间美国建筑业和非农产业劳动生产率比较

（数据来源：美国人口普查局、劳工统计局）

美国建筑师协会（American Institute of Architects，AIA）（2007a）报告指出建筑业存在低效和浪费现象。美国国家研究委员会（National Research Council）（2009）报告指出，每年建筑业消耗占美国基本能源消耗的 40%，并产生 40%的温室气体排放；每年新建项目耗费掉 30%的原材料、25%的水并产生 30%的垃圾。这对全球的气候与环境有着重要影响，同时建筑业的劳动生产率与其他行业相比仍处于落后水平。

究其原因，不少研究指出是建筑行业割裂的本质阻碍了其绩效提升（Egan，1998；Bouchlaghem et al.，2004；Kagioglou et al.，2001）。美国《经济学家》杂志2000年公布的数据表明：**割裂的生产结构导致建筑生产过程存在巨大的浪费**，创造价值活动的比例仅为10%，而非增值活动（Non Value-adding Activities）比例却多达57%，但制造业中同一活动的比例为62%与12%（Eastman et al.，2008）。

美国国家科学院和美国国家工程院2009年完成了如何提升美国建筑业的竞争力和效率的研究项目，研究报告指出，美国建筑业的三大主要问题：①缺乏组织、流程、技术、政策和法规对建筑业变革的支持，②缺乏负责推动变革和提高劳动生产率的主体，③缺乏基于创新技术的建筑业绩效管理与绩效测度体系。这些问题导致了长期以来建筑业的低效率、高浪费、缺乏竞争力和可持续性的发展（National Research Council，2009）。

1.1.1 BIM的出现

1. BIM的内涵

随着时代的进步，我国出现了越来越多的特大、复杂、综合型建设项目，也催生了大批新材料、新工艺、项目管理及信息化技术（王广斌等，2009）。美国国家科学院提出，未来10年提高建筑业效率和竞争力、实现可持续发展的5个突破性解决途径中，**以BIM技术为代表的建筑业创新是改变和提高建筑业生产效率和竞争力的首要的也是最重要的途径**。其他的4个途径分别是通过提供更有效的组织、流程、材料、设备和信息的交互提高工作效率；应用更多的预制、预装配、模块化和非现场制造技术和流程；广泛使用创新性示范装置；有效的绩效测度体系驱动效率提升并支持创新（National

Research Council，2009）。

不同的组织对 BIM 的内涵与外延有着不同的观点。《美国国家 BIM 标准》中主张 BIM 是建筑设施物理特性和功能特性的数字化描述，它可以作为信息的共享源，从项目的初期阶段开始为项目提供全寿命周期的信息服务，这种信息的共享可以为项目决策提供可靠的支撑。该观点从三个层次揭示了 BIM 的内涵与外延：第一层含义是作为产品的 BIM，即指设施的数字化表示；第二层含义是指作为协同过程的 BIM；第三层含义是作为设施全寿命周期管理方式的 BIM（NBIMS，2007）。Jernigan（2007）对 BIM 的内涵与外延进行了区分：BIM 的内涵是信息管理以及社会与技术资源的复杂关系，表现在组织与环境的复杂性、协作及相互关联，主张在合适的时间、合适的地点获得合适的所管理项目的信息；BIM 的外延聚焦于一系列与 BIM 应用相关的软件，如 ArchiCAD、Bently、Revit 等 BIM 工具软件。

从 BIM 的内涵看，Eastman 等（2008）提出 BIM 的核心技术是参数化建模技术，不仅是对建筑设施的数字化、智能化表示，更是对建设项目的绩效、规划、施工和运营等一系列活动进行分析管理的动态过程。**它不能简单地被理解为一种工具，它体现了建筑业广泛变革的人类活动，这种变革既包括了工具的变革，也包含了生产过程及组织的变革**。Hardin（2009）基于 Eastman 的观点认为 BIM 不仅仅意味着 3D 建模软件的应用，还是在使用一种新的思维方式。Succar（2009）提出 BIM 是在政策、流程和技术的一系列相互作用下，用于建设项目全寿命周期项目数据数字化管理的方法。Ho（2009）的研究报告中指出 BIM 是工程建设过程中通过应用多学科、多专业和集成化的信息模型，准确反映和控制项目建设过程，使项目建设目标能最好地实现。

从 BIM 的外延看，基于产品的视角，BIM 软件供应商对 BIM 也有着各自的定义。Autodesk（2007a）认为BIM是一种用于设计、施工、管理的方法，运用这种方法可以及时并持久地获得质量好、可靠性强、集成度高、协作充分的项目信息。Graphisoft（2007）认为BIM是建设过程中唯一的知识库，它所包含的信息包括图形信息、非图形信息、标准、进度及其他信息，用以实现减少差错、缩短工期的目标。Bentley（2007）认为BIM是一个在集成数据管理系统下应用于设施全寿命周期的数字化模型，它包含的信息可以是图形信息，也可以是非图形信息。

尽管不同的组织对BIM的内涵与外延有着不同的理解和定义，但都从不同角度反映出BIM的社会-技术属性，其应用具有明显的跨组织性（Harty，2005）。综上所述，**本书对BIM的理解是以可视化、参数化技术为基础，在建设项目全寿命周期中跨越项目各参与方的组织边界来准确反映和控制项目建设目标的动态过程**。

2. BIM的特征

BIM的出现不是对建筑业现有的2D CAD（二维平面）技术简单改进或局部修补式创新，而是对建设项目信息表达方式、信息化工具乃至建筑业生产范式进行突破性创新（Taylor et al.，2004；Harty，2005）。建模技术作为BIM的基本内涵，具有以下特征。

（1）参数化。

BIM通过智能数字化方式表示建筑构件，并能与可计算的图形与数据属性以及参数化规则关联。参数化建模是BIM的核心技术特征（Eastman et al.，2008）。参数化表示模型并非以简单的空间位置及尺寸存储，而是按照对象、对象类型、空间定位及对象属性等结构化关联信息存储（王广斌等，2009a），而这正是BIM最具变革性的特征。

（2）多维化。

BIM所记录的建设对象的属性是多维度的，这些信息可包括空间尺寸、材质、管理类信息等（王广斌等，2009a）。通过参数化建模，模型构件信息包含了用以描述其行为的多维化数据，可以用来进行功能分析和工作流程的安排。例如，计算工程量、规范检验和能耗分析等（Eastman et al.，2008）。

（3）一致性。

传统的 2D CAD 技术，将建筑构件的几何信息分别用平面图、立面图和剖面图表达，一旦发生变更，极易造成上述三类视图中同一构件信息的冲突。而通过参数化建模，建立了 BIM 各构件间的关联关系，从本质上确保了数据的一致性和无冗余，一旦对构件相关参数进行了修改，其相关联的信息也将同时进行修改，包括不同视图中展示的内容（例如平面图、立面图、剖面图等不同视图的信息）（Eastman et al.，2008）。因此，BIM 使得建筑构件表达的方式由二维转向参数化模型，相关的各类设计文件均由参数化模型生成，进而从源头上确保建设项目信息的一致性。

（4）可协作性。

BIM 从本质上是将建筑对象在虚拟世界进行数字化描述，与现实世界一样，同样需要建设项目的各个参与方共同完成模型。BIM 模型通过统一的数据库，可以让同一组织的不同专业，或不同的参与方基于同一个基础模型进行信息沟通与交流。从建设项目全寿命周期的角度看，不同阶段、不同参与方通过基本模型获取其所需的信息来完成与自己相关的模型工作，并通过可交互的数据格式将各自的成果反馈到基本模型中，实现建设项目全寿命周期管理（Eastman et al.，2008）。

（5）跨组织性。

正是 BIM 的上述技术特征，使得 BIM 能将异构的、没有联结的建设项目各参与方通过一个共享的数字化基础平台联结在一个协作环境中（Yoo et al.，2010）。Harty（2005）通过实证研究表明 BIM

应用在明显改变单个组织活动方式的同时，也会对项目其他参与方之间的沟通方式、权责关系以及整个行业的市场结构带来巨大变革，且 BIM 的成功应用往往需要企业内部各部门、项目各参与方乃至全行业各类从业人员的共同努力。

综上所述，BIM 之所以能作为建筑业变革的重要途径，在于 BIM 的本质是描述建筑实体的参数化多维动态模型，使用单一 BIM 模型能从理论上保证相关信息的一致性，从根本上杜绝了原来二维平面设计所带来的各种信息失真和信息损失，进而提高建筑业的生产效率，减少浪费。

1.1.2 BIM 对建筑业的影响

1. BIM 为建筑业带来的变革作用

现有的信息共享和沟通模式使得与建筑业割裂相关的问题更加严峻。Eastman（2008）在 *BIM Handbook* 一书中指出基于纸质文档沟通的建设项目交付过程中，纸质文档的错漏导致了现场不可预料的成本、延期甚至是项目各参与方之间的诉讼。正是 BIM 技术的参数化、可视化的特征改变了建筑业工作对象的描述方式，改变了信息沟通方式，势必从根本上引起建筑业生产方式的变化。BIM 用于建设项目全寿命周期，基于信息模型进行虚拟设计与施工，将促进项目各参与方之间的沟通与交流（Lu et al.，2011）。一方面，BIM 作为一项创新技术，为建设项目各参与方提供了一个协同工作和信息共享的平台；另一方面，BIM 作为一种集成化管理模式，需要对建设项目各参与方的工作流程、工作方式、信息基础设施、组织角色、契约行为及协同行为进行诸多的变革（Gal et al.，2008）。Lu 等（2011）认为 BIM 的应用将改变传统的建筑业生产范式。BIM 对建筑业的推动作用主要体现在将依赖于纸质的工作流程（3D CAD、过程模拟、关联数据库、作业清单和 2D CAD 图纸）的任务自动地生成为一种集成的和可交互协同的工作流任务模式，这是一个可度量、充分利用网络沟通能力协同合作的过程。BIM 可用来缓解建筑业的割裂，提高建筑业的效率和效益，同时也能减少软件间不兼容所产生的高成本（Succar，2009）。

BIM 对建筑产品、组织、过程等信息的表达及集成方式带来系统性变革，并应用于建设项目全寿命周期的各个方面。例如集成化设计与施工、项目管理及设施管理（Azhar et al.，2008；Bazjanac，2008；Schlueter et al.，2009），可有效解决项目生产过程及组织的信息割裂问题，进而大大提高项目生产效率（Eastman et al.，2011）。不少学者将 BIM 视为解决建筑业日趋凸显问题的革命性技术（Young et al.，2008；Eastman et al.，2008；Luth，2011）。斯坦福大学针对全球 BIM 应用项目的调查研究表明，通过 BIM 有效应用可降低 40% 的设计变更（Gao et al.，2008），施工现场的劳动生产率可提高 20%～30%（Hartmann et al.，2007），同时，BIM 的应用还有助于提高建筑产品的性能并显著促进可持续建设（Eastman et al.，2008）。Moum（2009）的研究表明 BIM 对项目的贡献主要体现在减少协调成本、加快信息交换、改善决策能力，从而改变建筑业内企业的竞争战略关系，改变现有关系的结构和行为，促进新的跨组织关系模式的产生等方面（Moum，2009）。更有学者认为 BIM 有潜力作为创新和改进跨组织间流程的催化剂（Berente et al.，2010；Boland et al.，2007）。因此，BIM 已被广泛地视为建筑业变革的重要方向。

2. BIM 对建设项目组织的影响

随着 BIM 在全球的广泛扩散和应用，BIM 的应用对建筑业产生了一系列的影响，如基于 BIM 的跨组织跨专业集成设计、基于 BIM 的跨组织信息沟通、基于 BIM 的跨组织项目管理、基于 BIM 的生产组织及生产方式、基于 BIM 的项目交付、基于 BIM 的全寿命周期管理等。相比 2D CAD 技术，这一系列的影响均具有跨组织的特性。

BIM 的成功应用需要打破项目各参与方（业主、设计方、总承包方、供货方及构配件制造方等）原有的组织边界，有效集成各参与方的工作信息。Tayor 等（2007）认为 BIM 情境下，设计方、总承包方、供货方、构配件制造方及相关建筑业企业间相互依存形成的项目网络可以通过合作共同创建虚拟的 BIM。Harty（2005）对伦敦希思罗机场 T5 航站楼 BIM 应用研究认为，BIM 在明显改变单个组织活动方式的同时，也会对项目其他参与方之间的沟通方式、权责关系以及整个行业的市场结构带来巨大变革。**因此，BIM 具有典型的跨组织特征，影响着项目各参与方间相互依存的工作活动与流程。**

3. BIM 对建设项目绩效认知方式的影响

BIM 的应用也将明显改变建设项目绩效评价的方式。基于 BIM 的建设项目绩效指标体系已不再局限于传统的“铁三角”项目绩效，即投资、进度与质量。BIM 的采用鼓励在设计阶段集成施工阶段的信息，这需要并将促进各参与方间良好的合作。同时，各参与方面临的最显著变化是从设计阶段各专业紧密使用一个共享的模型，在施工阶段各参与方使用一整套关联一致的模型，作为项目工作流程和各方协同的基础。这不仅对建设项目的投资和进度有着严格的要求，还需要协同设计方与总承包方，以实现建设项目的精益交付。成功的 BIM 应用追求的是“1+1>2”的效果，不仅仅是谋求建设项目某一参与方自身的绩效，更关注于从项目整体的角度来测量项目绩效。

从狭义上看，学术界和产业界将项目绩效定义为“铁”或“金”三角（Atkinson et al.，2001），即满足预先制定的投资、进度和质量目标。Bryde（2005）的研究表明这类项目绩效认知方式或许不利于建设项目组织，因为这个结果将导致项目绩效在短期或对某一参与方是最优的，但从长期和战略视角来看往往会损害项目其他参与方的利益，更难以实现 BIM 为项目及各参与方所带来的溢出效应。随着市场环境中许多因素的改变，如项目越来越复杂、参与方越来越多以及国际化竞争等，建设项目绩效的整体性观念得到重视。国内外不少学者也将注意力转移到对建设项目进行更全面的测量和评价。例如，国外的研究者提出项目绩效评价指标除了“铁三角”以外，还包括其他指标如感知绩效、业主满意度、施工单位满意度、项目管理团队满意度、技术绩效、技术创新、项目执行效率、管理与组织期望、功能性、可施工性和业务绩效（Ashley et al.，1987；Freeman et al.，1992；Atkinson，1999；Baker et al.，1997）。

成功的 BIM 应用需要将建设项目中业主、设计方、总承包方等各关键参与方集成为一个有机的整体，而这与现有的建设项目管理模式存在较大差别，使得应用 BIM 的建设项目的项目绩效评价与传统的评价方式存在区别：我国现有的工程项目绩效只评价不能反映出其他影响项目绩效的关键因素（如 BIM 这类跨组织技术创新）的贡献情况；侧重于事后分析，而不能科学、客观地评价整个建设项目团队业务流程的运营状况，做到过程控制。因此，BIM 情境下对建设项目绩效认知方式提出新的要求，即以建设项目各参与方追求项目整体绩效的提升为导向，从系统的角度评价建设项目整体绩效。

1.1.3 BIM 应用的挑战

1. BIM 的潜力未充分发挥

国内外的研究一致认为 BIM 能为建设项目带来增值作用，例如：效率和效能的提高，工期和投资的减少，以及质量的提高。建筑业涵盖多个专业领域，建设项目作为其载体需要多专业多工种的合作才能顺利实施。而建设项目又被视为由临时组织构成的松散耦合系统，项目各参与方间的工作任务高度相互依存。Ahmad（2010）的研究指出尽管 BIM 被广泛的采用，但设计人员仍然错失了 BIM 带来的诸多好处。研究者发现设计师们主要是使用新技术对传统工作进行自动化，而不是改变他们的沟通方式和工作方式（Merschbrock，2012）。这也从一个角度印证了 Gal 等的研究结果，即 BIM 在建筑业的应用并没有完全发挥其潜力，部分原因是缺乏一个共同的愿景和“自动化群岛”。作者所在的研究团队在 2011 年对中国 BIM 应用的调研结果显示，国内 BIM 应用的成熟度仍较低，存在组织相对分散、缺乏系统管理等问题。究其原因是建筑业传统业务模式并未随着 BIM 的引入而发生根本性的改变，其中组织层面的障碍是亟待研究的领域之一。跨组织关系作为组织研究领域的重要分支，在具有社会-技术二元属性的建筑业中越来越受到关注。

2. BIM 跨组织应用的障碍

Hartman 等（2008）指出传统项目交易模式下 BIM 应用的主要阻碍包括：项目参与方对技术变化的抵触、业内对 BIM 应用缺乏激励措施、项目各参与方不愿意进行模型共享、合同关系不能有效促进模型信息共享、模型的精度不确定、模型的责权关系不明确、法律原因、信息丢失的保险问题、无 BIM 应用的标准合同语言、软件和信息的交互操作性差等。Young 等（2008）指出除技术问题和经济问题外，僵化的生产流程、对使用 BIM 的项目缺乏必要的激励措施已成为 BIM 应用过程中的主要障碍。Wong（2010）分析了欧美六个国家和地区 BIM 应用的情况后认为，项目参与方众多而项目合作环境恶劣是导致 BIM 跨组织应用的主要障碍，项目各参与方的角色和责任并不明晰。为了发挥 BIM 的全部潜力，Lyytinen 等（2011）提出 BIM 的跨组织应用带来的问题是最大的障碍之一，必须得到解决。但迄今为止，上述问题仍未解决，其根源在于没有正确理解 BIM 情境下建设项目各参与方如何进行协同合作。

建设项目各参与方间敌对的关系是建筑业典型特征，缺乏合作一直被视为造成建筑业创新水平低的主要原因。虽然创新曾一度被认为是属于某一个企业的工作范畴，但研究技术发展的学者们越来越重视跨组织边界、跨组织关系和网络间的合作（Håkansson et al.，1989）。甚至有学者认为组织创新是技术创新的先决条件（Holmen et al.，2005）。无论针对组织内部、组织间还是行业层面，组织创新本身就是一个挑战，因为惯性力量对变革的抵触，对于传统的建筑业而言尤为严重。这也就意味着建筑业进行 BIM 这类跨组织创新并发展跨组织合作关系必然会遇到困难与挑战。

面对诸多挑战，学术界和产业界对 BIM 应用远景的刻画是一致的，即建设项目各参与方在信息技术、标准等支持下，协同创建、维护能体现完整的建设对象实体尺寸、属性及附属管理信息的、可共享的单一 BIM 模型，其特征是能形成可用于项目全寿命周期，且信息保持多维、一致性的 BIM 模型。显然这个过程不是一蹴而就的，在这个逐步实现的过程中，需要克服技术、组织、流程等一系列的问题，如何尽快地使 BIM 融入项目建设的全过程中，以充分发挥 BIM 的优势，是当前研究的热点。而跨组织关系与 BIM 情境的相互作用机理的研究成果能更好地为制定 BIM 应用规划和发展路径提供依据，这具有重大的研究意义。因此，有必要对 BIM 情境与建设项目跨组织关系之间的相互作用机理进行深入探讨。

1.2 问题的提出

1.2.1 跨组织 BIM 协同效应的差异性

BIM 在不同项目应用过程中，其应用范围、应用阶段、应用技术、应用组织及应用方式等都会有所不同，从而对跨组织协同的要求也不同，这会引起 BIM 跨组织协同效应的差异性。要有效实现基于 BIM 的协同效应，项目各参与方需要加强跨组织间功能活动的协调与管理（Taylor et al.，2009）。同时，Taylor 也强调不同项目参与方有着不同的 BIM 应用范式（Paradigms），项目各参与方的跨组织范式实践的差异性也将增加 BIM 跨组织协同效应的差异性。

虽然 BIM 应用能够促进项目各参与方间的协调与沟通，使项目各参与方朝着跨组织协同的方向靠拢，但建筑业固有的文化和惯例，仅凭 BIM 本身是无法实现这一根本改变的。建设项目各参与方作为临时的跨组织系统，各参与方之间的合作与协调在很大程度上取决于各方的关系管理。Rowlinson（2010）对中国香港两个 BIM 应用案例的比较研究结果表明需要通过社会基础结构（Social Infrastructure）和关系管理来支持 BIM 应用。

BIM 情境下，并非应用了 BIM 的建设项目就一定使得各参与方之间能够时时配合默契，有必要厘清 BIM 情境与建设项目跨组织关系的相互作用过程中，BIM 情境中的哪些因素促进或制约建设项目跨组织关系的改善？BIM 情境究竟如何与建设项目跨组织关系发生作用？这些问题为本研究提供了创新空间。

1.2.2 BIM 情境下跨组织关系认知的模糊性

作为建筑业的跨组织技术，BIM 在建设项目中应用，权力较大的一方（例如业主）可以用激励或是强迫其他参与方采用 BIM，却无法命令项目其他参与方为 BIM 成功应用相互合作或相互配合（Premkumar et al.，1994；Foster et al.，2006）。如何鼓励建设项目各参与方有效应用 BIM，成为 BIM 情境下建设项目管理的重要议题之一。Mariotti（1999）认为跨组织技术无法成功应用的原因不在于技术或软硬件设备，而是各参与方间缺乏信任。Ito 等（2000）指出通常各个组织的业务往来大多凭借正式的契约关系，资源和信息共享的观念淡薄，导致各个组织只追求各自的最佳效益，而无法达到整体性的最佳效益。因此，要正确认识 BIM 情境下的协同效应的差异性，必须认真考虑建设项目各参与方的跨组织合作关系。

跨组织关系是指相关的组织之间由于长期的相互联系和相互作

用而形成的一种相对比较稳定的合作结构形态（黄江疆等，2009）。Carayannis 等（1999）认为跨组织合作是一群组织的组合，通过管理相互间的依赖关系，以协调彼此间的行动。在供应链管理中跨组织技术应用研究领域，学者们研究了跨组织技术与跨组织关系的相互影响，有着三种不同的观点。第一种观点是跨组织技术对跨组织关系有正向影响作用（Malone，1987；Bakos，2000；Saeed et al.，2005）。第二种观点是跨组织技术对跨组织关系有负向影响作用（Clemons et al.，1992；Carr et al.，2002）。第三种观点是跨组织技术并未给跨组织关系带来明显的影响（Vickery et al.，2003）。类似的，也有不少学者研究跨组织关系对跨组织技术的影响，存在不同的观点。一种是跨组织关系对跨组织技术有正向影响作用（Miles et al.，1992；Meier，1995；Ibbott et al.，2004）。另一种是跨组织关系是跨组织技术正常应用的前提（Tan et al.，2002）。

供应链管理中对跨组织技术与跨组织关系的作用方式的成果为本研究带来有益的借鉴和启示，在 BIM 应用过程中，建设项目跨组织关系与 BIM 情境有着怎样的作用方式，跨组织关系中会有哪些因素发挥作用，如何才能发挥出积极的作用，这些问题也为本研究提供了创新空间。

1.2.3 以建设项目整体绩效为导向的 BIM 情境实证研究的匮乏

学者们对 BIM 为建设项目带来的利益进行了研究，BIM 给建设项目带来的利益可分为两类：一类是直接利益，指项目建设效率的提高，如减少投资、减少工期、投资回报率高等。美国斯坦福大学对全球 BIM 应用项目的调查研究表明，通过有效应用 BIM 可降低 40%的设计变更，并将施工现场的劳动生产率提高 20%～30%（Kunz et al.，2005；Gao et al.，2008）。Leite（2011）研究了一系列 BIM 应用案例，证明 BIM 在快速估算、工期、安装、信息征询（RFI）等方面存在可衡量的价值。另一类是间接利益，指 BIM 对建设项目组织、流程以及跨组织关系的影响，如提高协调沟通效率、带来更为有效的组织模式，改善交易伙伴关系等。Taylor 等（2009）的研究表明 BIM 应用可以促进集成项目各参与方的工作，增进协调。

上述研究成果聚焦于某一方或某一方面来对 BIM 带来的效益进行测量，但仅仅强调某一方的利益往往会使另一方的利益受损，造成矛盾冲突，使各方的长期协作关系受到不良影响，BIM 效应也不能正常发挥，必须立足于从提升建设项目整体绩效的角度来探明 BIM 情境和跨组织关系相互作用的结果。但目前国内缺乏针对性的实证研究，这也为本研究提供了创新空间。

1.3　研究目的与意义

1.3.1　研究目的

基于上述研究背景和问题的提出，本研究以建设项目为分析层次，旨在探索 BIM 应用与建设项目各参与方跨组织关系的相互作用机理。在研究过程中主要关注对以下三大问题的回答。

（1）BIM 情境下，存在哪些因素促进或制约建设项目各参与方跨组织关系的改善？

（2）建设项目各参与方间的跨组织关系中存在哪些因素促进或制约 BIM 在建设项目中的应用？

（3）BIM 情境和建设项目跨组织关系是如何进行互动，其互动结果如何？

为回答上述三大研究问题，有必要对 BIM 情境与其典型特征以及建设项目跨组织关系进行界定与刻画，并从建设项目整体绩效的视角来探明 BIM 情境与跨组织关系相互作用的结果。

1.3.2 研究意义

1. 理论意义

BIM 是近年来建筑业中信息技术创新的重大里程碑。大多数研究认为 BIM 可以推动建筑业创新和改善建筑业割裂的弊病。但近来已有研究提出建筑业组织间长久形成的关系和互动的惯例，反而造成了 BIM 实施、扩散（Diffusion）、产生协同效用的制度障碍。当前关于 BIM 这一跨组织性技术创新的组织问题，较多关注 BIM 对建设过程/契约的影响及现有流程/契约对 BIM 实施的障碍分析，以及企业层面的实施绩效，较少从项目层面的实施关注 BIM 与跨组织关系的相互作用。本研究成果能对上述的相关研究进行补充，例如在以下几个方面。

（1）建设项目既是高度相互依赖，又是松散耦合的矛盾体（Gidado，1996；Dubois et al.，2002）。BIM 情境下，充分理解这一矛盾特征有助于识别 BIM 情境的关键要素和建设项目跨组织关系的关键要素。

（2）分析 BIM 情境对建设项目跨组织关系的作用方式，能够用来解释 BIM 情境中的障碍与挑战。

（3）分析跨组织关系对建筑业跨组织技术创新，尤其是对 BIM 情境的作用方式，能够用来解释 BIM 情境下项目各参与方在跨组织合作过程中产生的诸多问题。

（4）构建 BIM 情境要素与跨组织关系要素间的相互作用模型，能够用来解释 BIM 情境下跨组织关系的相互作用方式，并从项目整体绩效的视角解释二者互动的结果。

2. 现实意义

目前中国的建设项目越来越广泛地采用 BIM，但从建设项目层面来看，BIM 应用并没有达到预期的效果（王广斌等，2009a；王广斌，2011a）。研究 BIM 应用与建设项目跨组织关系的相互作用机理的现实意义在于：BIM 情境下如何改善建设项目各参与方跨组织关系，以为提高项目整体绩效提供决策支持。识别 BIM 情境要素和跨组织关系要素间的相互作用方式，能够让建设项目各参与方理解 BIM 情境下跨组织关系改善的重要性，为更好地制定我国建筑业 BIM 应用规划和发展路径提供依据，进而促进我国建筑业 BIM 应用，推动建筑业转型发展。

1.4 研究内容

本研究以建设项目为分析层次，建设项目 BIM 情境和跨组织关系为分析对象，通过 BIM 情境的界定与刻画，聚焦于建设项目跨组织关系与 BIM 情境的相互作用机理展开研究，主要内容包括以下几个方面：首先，在对国内外相关文献和实践经验的梳理和总结的基础上，结合阻碍 BIM 应用因素的问卷调查与分析，本研究对 BIM 情境及建设项目跨组织关系的关键要素进行识别；其次，针对上述关键要素间的相互作用方式进一步进行问卷调查与分析，构建 BIM 情境与跨组织关系相互作用的理论模型，并提出理论假设；再次，采用多案例研究及质性研究方法，按照逻辑复现原则，通过三个中国案例比较和分析各个要素在不同应用范式中的异同，对 BIM 情境要素与跨组织关系要素间的相互作用方式的相关理论假设进行验证；最后，基于前述的分析结果，提出中国建设项目 BIM 应用的建议和实现路径。

本书各章节的内容安排如下。

第 1 章 绪论，梳理本书的研究背景，提出研究问题，立足于建设项目的 BIM 应用，阐述本研究的目的与意义、研究内容与研究方法。

第 2 章 文献综述与理论基础，梳理与本研究相关领域的研究现状，总结前人的研究成果对本研究所带来的启示，为后续概念的界定、关键因素的识别以及理论模型的构建提供理论基础。

第 3 章 BIM 情境与跨组织关系的概念界定与关键因素分析，通过文献梳理界定 BIM 情境、跨组织关系及建设项目整体绩效等关键概念，基于对阻碍 BIM 在建设项目中应用的因素的问卷调查及分析，确定 BIM 情境和跨组织关系的关键要素。

第 4 章 理论模型架构及理论假设，通过文献梳理 BIM 情境和跨组织关系的相关测量题项，在对问卷调查结果的统计分析及理论分析的基础上，本研究构建 BIM 情境与跨组织关系相互作用的概念模型与理论假设。

第 5 章 案例选择与数据收集，按照 Eisenhardt（1989）提出的案例研究程序，本研究通过理论抽样选择合理的案例，并设计相关的访谈提纲作为进行假设验证的数据基础，同时，本研究对确保数据有效性、一致性的保障措施进行了阐述。

第 6 章 案例分析结果，本研究将收集到的案例数据进行跨案例比较，利用质性分析软件 QSR NVivo®，结合定性与定量分析方法，对 BIM 情境与跨组织关系的相互作用的理论假设进行验证与讨论。

第 7 章 结论与展望，对研究成果进行总结，提出中国建设项目 BIM 应用的建议和实现路径，并对本研究现阶段存在的局限性以及对未来研究的改进方向和方法进行了阐述。

1.5 研究方法和技术路线

1.5.1 研究方法

针对上述研究问题和研究内容，本研究采用了文献研究、理论演绎与实证研究方法。实证研究方法中针对不同的研究问题对研究方法进行选择，本研究在回答“是什么”的问题时（例如，BIM 情境与跨组织关系的关键要素是什么？二者之间是否存在关联？）采用问卷调查法；在回答“如何”的问题时（例如，BIM 情境与跨组织关系如何相互作用）采用了多案例比较归纳分析以及定性与定量结合的研究方法。本研究对研究问题采用多种方法进行解答，可以避免某一研究方法的局限性并保证研究结论的有效性。

1. 文献研究和规范分析

本研究以建设项目为分析层次，BIM 情境和建设项目跨组织关系是核心概念。通过对国内外 BIM 情境和跨组织关系的基础概念以及基础理论的梳理，本研究对 BIM 情境和建设项目跨组织关系的发展脉络进行研究定位，并对 BIM 情境与建设项目跨组织关系进行界定。在此基础上，针对 BIM 情境与跨组织关系的关联，以及 BIM 情境下的建设项目整体绩效等文献进行梳理，确定理论研究的关键点。详见本书第 2 章文献综述与理论基础。

2. 理论演绎与实证研究

建筑业实践性极强，中国与 BIM 起源的西方国家在环境和行业背景上有着根本的不同，无法将西方国家 BIM 应用范式在中国的建设项目上直接复制和重现，探索中国建设项目的 BIM 情境与跨组织关系的互动机理，具有很强的背景依赖性和动态性。要回答本研究的问题，有必要对 BIM 在中国建设项目的应用进行深入和全面的实地考察。因此，研究者需要将建设项目根植于中国社会环境的大系统，运用社会科学研究方法，识别中国的 BIM 情境和跨组织关系的关键因素，及其相互作用方式。

社会科学研究方法主要有实验法、问卷调查法和案例研究法。三者不同的是：实验室试验是通过控制环境条件将研究现象从其背景隔离；问卷调查法偏重对事件发生的频率、程度的测量，反映的是所调查的样本对总体的代表性；案例研究方法正如 Eisenhardt（1989）提出的一样，案例研究方法是对于真实世界动态情境的整体全面的了解与归纳式思考过程结合在一起。该归纳式思考过程伴随着从数据中识别规律的各种方法（李平等，2012）。

（1）问卷调查法。

针对研究问题“BIM 情境与跨组织关系的关键要素是什么？二者之间是否存在关联？”，本研究分别通过问卷调查法对采用了 BIM 的企业相关人员进行调研，获得对这两个问题的普遍性反映。调查问卷（一）是基于国内外文献中有关阻碍建设项目 BIM 应用的因素的梳理，挑选出与 BIM 情境及跨组织关系相关的因素，并以此作为测量题项首先在研究团队内部进行结果预测，最终确定调查问卷（一）用以识别相关要素。基于调查问卷（一）分析结果采用模糊理论对关键要素进一步甄别。在确定的关键要素的基础上，调查问卷（二）对 BIM 情境和跨组织关系是否存在关联关系进行测量，基于分析结果，本研究在社会交换理论和交易成本理论的指导下对分析结果进行探讨，进而构建 BIM 情境和跨组织关系相互关联的理论模型，并提出理论假设。两次问卷调查的样本选择主要针对上海地区具有 BIM 应用经验的大型项目业主、设计方、总承包方和 BIM 咨询方。详见本书第 3 章和第 4 章。

（2）多案例比较分析和定性研究方法。

案例研究方法和其他两个方法最大的区别就是尊重现象的变化过程，既不将现象和背景隔离，也不依赖大样本抽样原理来获得结论。案例研究方法最适合用来解释理论框架中变量间的关联关系以及观察到的现象。因此，要回答本研究的核心问题“BIM 情境与跨组织关系如何相互作用”，案例研究方法为最佳选择。

国内外学者通过案例研究方法取得丰富研究成果，为本研究采用案例研究方法提供了支持与借鉴。主流的演绎式研究大多数是基于西方的制度、文化和历史情境下产生的理论（徐淑英，2012）。虽然这些理论有助于学习符合国际标准的实证研究方法，以及国际学术交流必备的研究术语，但在解释中国独特管理困境和问题时却显得乏力。而案例研究将真实世界动态情境的整体全面了解和思考过程整合在一起，并结合了从数据中识别规律的各种方法（Eisonhardt，1989）。对于难以明确定义的问题，隐含在过程中且难以察觉的问题（Yin，1994），以及挑战现有理论逻辑的问题的研究都有很好的适用性（Eisonhardt，1989）。更为重要的是，本研究探索的领域面临着诸多不确定性，无论是学术界还是产业界都遇到理论中的困惑和实践中的挑战。这都亟待通过详细描述方法和归纳式方法对它们进行解释和解析。案例研究方法有助于解释数据分析的结果，发现 BIM 情境和跨组织关系两大概念中各变量间的关联关系，对观察到的现象提供丰富的例证。同时，对观察结果的产生机制和产生过程能够得到更紧密的审视，有助于回答本研究中 BIM 情境和跨组织关系的如何互动及其相互作用如何对建设项目绩效产生影响这一重要问题，也是对相关因素如何参与这一互动过程的自然补充。

本研究采用多案例研究方法，结合定性的数据分析技术（Miles et al.，1994），依据 Eisenhardt（1989）提出的系统性案例研究过程：

案例选择、数据收集和数据分析，遵从可复制的逻辑原则。Yin（1984；1994）提出案例研究中通常将单案例分析视为一个独特的试验，作为自成一体的一个分析单元；多案例视为一系列的试验，用来证实或否定从其他案例得出的结论。并且 Yin（1984；1994）提出如何在案例研究方法中确保数据收集和分析满足可靠性、结构有效性，以及外部和内部有效性的要求。据此，本研究通过以下途径来满足这些要求：①在理论框架的指导下进行案例选择（详见 5.1 节案例选择部分）；②每次访谈固定两位访谈主持人及其分工，并向访谈对象提交相同面谈提纲，并在访谈结束后 24 小时内整理案例研究会谈记录，并互相交流看法和意见（详见 5.2 节数据收集部分）；③将访谈录音转录为文字，基于理论框架中的变量定义进行系统性编码，输入专业定性研究分析软件 QSR NVivo®，进行反复对比分析（详见 5.3 节数据编码部分）。

遵循上述的研究设计，本研究从三个案例中发展出 BIM 情境和跨组织关系演化的基本模式，并对研究假设进行验证，对不符合假设的发现进行解释，进而修正 BIM 情境与跨组织关系的相互作用方式。

1.5.2 技术路线

本书根据研究问题采用不同的研究方法，以问卷调查法和案例研究方法等实证研究方法为主，运用定性描述和定量数据分析结合的手段，完成本书研究，本研究的主要技术路线如图 1.3 所示。

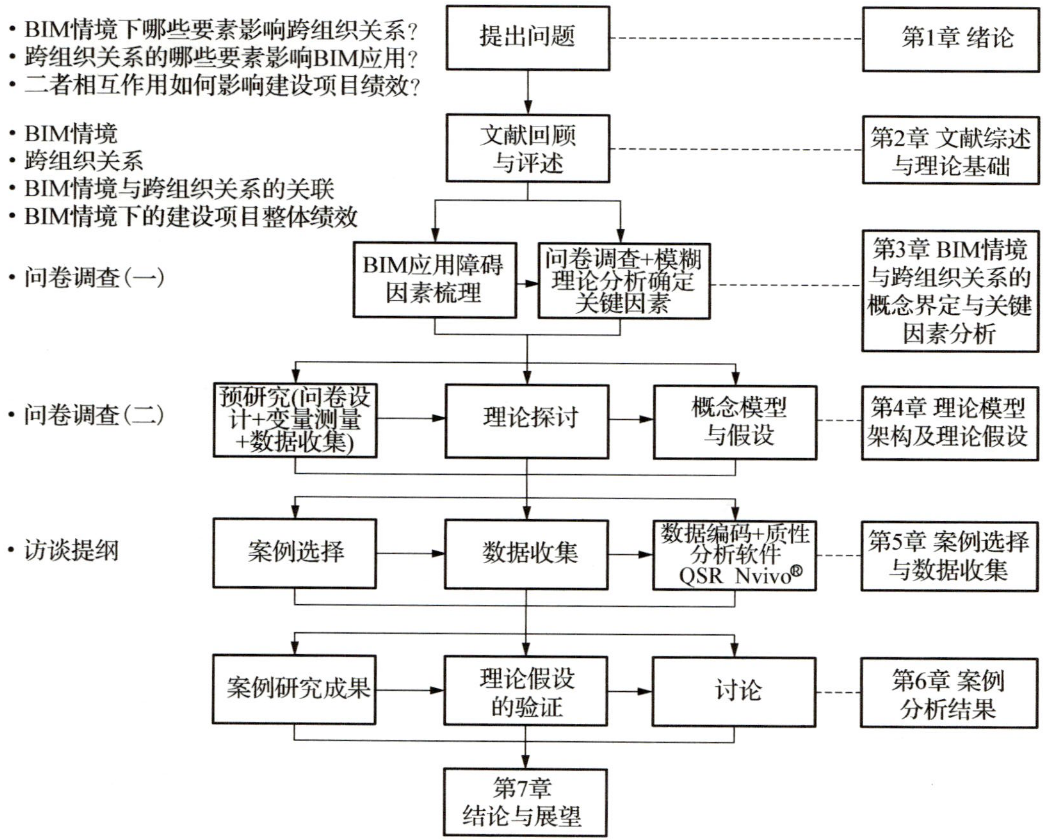

图 1.3 研究的主要技术路线

第 2 章

文献综述与理论基础

2.1　BIM 情境的刻画

2.1.1　BIM 情境的内涵

情境是一个复杂的概念，一般认为，“情境”是情境认知理论和学习理论中的一个核心概念。不同的学科对情境有着不同的阐释：心理学认为情境指对人有直接刺激作用，有一定的生物学意义和社会学意义的具体环境；教育学认为情境是以情感调节为手段，以学生的生活实际及教学材料为基础，以促进学生主动参与、整体发展为目的的优化了的学习环境；人类学认为情境是真实的，是日常生活中和实践中的，并与日常生活和实践有着紧密的联系；经济学和管理学认为情境是为某种活动的具体的背景性因素。可见，在不同的学科视野中情境具有不同的含义，但总的来说情境具有以下特点。

（1）情境是一种客观、普遍存在的现象，它可以存在于自然、社会以及日常生活之中。

（2）情境是复杂多样的，由若干要素所构成。

（3）情境具有很大的不确定性和不可预测性，不同的主体由于认知方式、能力水平和个性特征等的差异对情境会产生多元理解。

国内外现有的文献中，并未对项目层面的 BIM 情境做出统一、明确的定义与描述。但已有学者从理论层次和实践层次对 BIM 实施模式、BIM 实施层级和 BIM 实施类型等做了探索性的描述（Orlikowski，2000；Boudreau et al.，2005；Taylor et al.，2009；Succar，2009），在此上述术语统称 BIM 情境。

1. BIM 情境的理论刻画

不少学者的研究认为，不同的实施者有着不同的 BIM 技术实施方式，也即 BIM 的实施有着不同的情境：沿用传统作法（Interia）、应用（Application）、改变（Change）及再造（Reinvention）（Orlikowski，2000；Boudreau et al.，2005）。Orlikowski（2000）将 BIM 情境视为一种结构，认为在不同的情境下，项目各参与方可以根据自己的需要决策是否采用 BIM 及如何采用 BIM：应用 BIM、滥用 BIM 或者是不用 BIM。相应的，其最终采用的实施方式也代表了各参与方对结构发生变化的反应。BIM 实施与 Orlikowski（2000）提出的 technology-in-practice 的概念是紧密相关的，即技术在人们不断反复的应用中对规则和资源进行重构。当技术只是用来对现状进行巩固或者保护，从而限制了技术的使用，这属于照旧的实施方式。在这种情境下，实施者可能不使用这类技术，或者使用也是敷衍了事（Boudreau et al.，2005）。在应用情境下，实施者可能在合作、提高自身的劳动生产率、解决集体问题或支持流程等方面进行应用。Orlikowski（2000）认为上述两类情境都是为了巩固和提高现状。改变的情境则是在实施技术时通过临时措施进而改变现状（Making Improvisations）。这一情境与 Boudreau 等（2005）提出的临时学习的概念相似，即在没有任何预设结构的情况下，实施者发起并进行技术实施，在实践中学习。Boudreau 等（2005）提出的另一种情境就是再造，即在技术实施过程中无意识通过“系统调整”和“变通方法”，弥补实施者有限的知识系统并感知系统的缺陷。

Succar（2009）在分析现有BIM指南的基础上，借助虚拟知识模型和本体论从系统的角度提出BIM框架，该框架由不同的概念组成：领域（Field）、层级（Stages）、步骤（Steps）和理论视角（Lenses）。其中领域包括技术、流程和政策，各个子域又由关键参与方、交付成果及子域间的相互作用组成。技术是指以实践为目的的科学知识的应用程序（Oxford，2007）。流程是指跨时间跨地域的工作活动的特定顺序，具有开始和结束，并对输入与输出有清晰的界定，也即行动结构（Davenport，1993）。政策是用来指导决策的书面原则或规则（Clemson，2007）。

Succar（2009）从BIM实施成熟度的视角对BIM层级进行划分：以BIM实施前的状态作为起点（称为Pre-BIM，BIM准备阶段），第一层级为基于对象的建模，第二层级为基于模型的协同，第三层级为基于网络的集成，以及考虑到将来技术发展的BIM实施的终极目标集成化项目交付，如图2.1所示。

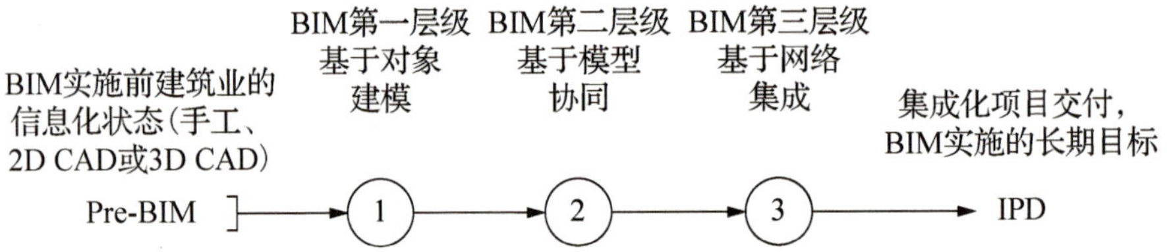

图2.1 BIM层级-线性视角

（资料来源：Succar，2009）

基于此，Succar（2009）采用知识模型（The Knowledge Model）对不同的层级进行刻画：①BIM准备阶段项目设计方使用2D CAD或3D CAD进行设计，项目各参与方使用传统图纸进行协同、交互，各参与方对技术的投入较低，技术兼容性也差；同时，各参与方的协同不被优先考虑，各参与方的工作流程也是线性的且不同步。②第一层级基于对象的建模，项目关键参与方（业主、设计方、总承包方）均可使用 BIM 建模工具对某一专业某一阶段的工作内容进行建模，不同专业或不同参与方间仍为单向交互，各参与方间的沟通仍然不同步甚至脱节，相关流程的改变也不大，各参与方间的合同关系、风险分配及组织行为维持不变。③第二层级基于模型的协同，项目关键参与方间积极协作，整合各自的模型，并在某一阶段或某两个阶段的连续应用，关键参与方间的沟通仍然不同步，随着基于模型的交互愈加频繁，有必要对合约进行修正，传统基于文件的基本信息流逐步被取代，在此情境下，总承包方逐步提供设计相关的服务，而设计方在设计模型中逐步增加施工与采购的相关信息。④第三层级基于网络的集成，通过 BIM 服务器存储、共享 BIM 模型，项目关键参与方在此基础上协同、集成各自的作业活动信息，形成多专业、多参与方集成的 BIM 模型，基于文件交换的跨组织 BIM 应用方式将被基于服务器的模型交换模式所替代(Kiviniemi et al.,2005)，项目关键参与方能以此服务器为核心基于统一的共享模型进行协作，并与其他管理手段相结合，例如商务智能、精益建造、可持续及全寿命周期成本等。

Wong（2010）分析不同机构对 BIM 的定义，提出 BIM 的显著特征包括：建模范围、建模方法、建模功能、建模目标、BIM 应用阶段、参与方间的交互方式、数据处理、BIM 应用组织以及兼容性等。

从 BIM 情境的理论刻画可以看出，**BIM 情境是由技术、组织和流程交织的螺旋上升的动态过程，需要克服建设项目在组织和流程上先天的割裂特性**，提高关键参与方基于模型协作的集成程度、技术的兼容程度及不同阶段知识的融合程度，推动 BIM 情境从采用 BIM 走向基于 BIM 的项目网络集成。

2. BIM 情境的实践刻画

在 BIM 情境的实践刻画中，不少实践的重点聚焦于解决 BIM 技术的兼容性问题，而较少关注不同参与方之间的业务集成与兼容（Taylor et al.，2009）。Taylor 等（2009）结合定性和定量数据分析方法对国外应用 BIM 的企业进行调研，26 个案例的调研结果表明，不同企业基于 BIM 的共享程度不同，包括基于供应链共享、跨项目网络共享、企业内部共享等。同时，分析结果表明企业层面的 BIM 范式是一个演进的过程，其演进轨迹由初级到高级依次为：可视化、协同、分析、供应链集成。

Eastman（2011）收录了美国、芬兰和中国香港等地 10 个项目的 BIM 应用情况。本研究从各案例 BIM 应用阶段、应用组织、应用目标及应用动机的角度，对上述案例的 BIM 情境进一步分析归纳，如表 2-1 所示。分析结果表明，BIM 情境随着 BIM 应用动机和 BIM 应用目标的不同而不同，主要体现在 BIM 应用组织和流程的集成程度的差异。这为本研究在界定 BIM 情境时提供了有益的启示。

表 2-1 BIM handbook 中案例 BIM 情境

序号	项目名称	应用阶段	应用组织	应用目标	应用动机	有益启示
1	Aviva 体育馆，爱尔兰	跨阶段——设计阶段到施工阶段	跨组织——业主、设计方、总承包方及分包商/制造商	复杂结构参数化设计及工厂化制造	技术驱动，设计方自发采用 BIM	良好的跨组织间关系是参数化方法的基础；其他专家及顾问在设计早期介入将能带来更大的效益
2	万豪酒店改建，美国	施工阶段	跨组织——设计方、承包商及分包商/制造商	对改建部分应用 BIM 辅助 LEED 认证	技术驱动，总承包方自发采用	BIM 情境中 BIM 技术的发展是个动态过程

续表

序号	项目名称	应用阶段	应用组织	应用目标	应用动机	有益启示
3	Sutter 医学中心，美国	跨阶段——可行性研究阶段到施工阶段	跨组织——业主、设计方、总承包方及分包商/制造商	IPD合同结合BIM应用，规定项目目标、精益方法及确保各参与方目标一致	合同驱动，11 家参与方签署IPD合同	业主需要有明确的目标； IPD 需要各参与方共同承诺完成目标，建立互信的基础； 业主主导确保 IPD 团队不偏离轨道，确保 IPD 团队代表业主利益进行决策； 3D 模型共享是团队合作的基础； 各方基于信任的合作能够弥补在创新技术及管理方面的不足
4	马里兰总医院，美国	跨阶段——施工阶段到运营前准备阶段	跨组织——业主、总承包方、分包商及运营方	通过 BIM 在施工和移交阶段的 BIM 应用，建立有效的设施管理流程	愿景驱动，总承包方自发采用BIM	项目各参与方对创新流程和创新技术的采用持开放心态，且愿意参与，非常重要； BIM 可以应用在任何阶段，甚至在项目后期应用，但是越早应用效果越好
5	克鲁塞尔大桥，芬兰	施工阶段	跨组织——业主、设计方、总承包方及分包商/制造商	应用 BIM 辅助工厂化制造及现场施工	业主驱动，设计方引导 BIM 应用	各参与方应用 BIM 及创新管理方法的意愿及开放心态使大家获得学习和总结经验的机会； 各参与方在施工过程中集成应用 BIM 使得管理与组织更为高效
6	纽约 11 号大街公寓，美国	设计阶段	跨组织——设计师与分包商/制造商	应用 BIM 进行复杂幕墙系统设计、分析及预制造	技术驱动，幕墙顾问自发采用BIM	专业幕墙顾问的 BIM 能力及影响力在幕墙设计与安装过程中发挥了重要作用； 各参与方的角色与职责的重新定义非常重要

续表

序号	项目名称	应用阶段	应用组织	应用目标	应用动机	有益启示
7	港岛东中心，中国香港	跨阶段——设计阶段到施工前准备阶段	跨组织——业主、设计方、总承包方及分包商/制造商	业主采用BIM辅助设计管理、招投标、协调及施工计划	技术驱动，业主主导BIM应用	2D到3D过渡阶段，业主要求采用BIM有助于缓解潜在文化问题，业主的投入，例如雇佣BIM咨询顾问提供大量的培训与支持尤为重要；BIM实施要与项目类型及组织业务目标相适应
8	赫尔辛基音乐中心，芬兰	跨阶段——设计阶段到施工阶段	跨组织——业主、设计方、总承包方、分包商/制造商及运营方	通过BIM进行高阶环境评估及可持续设计	政府政策驱动	BIM流程中各参与方对其他参与方的建模及数据需求有足够的认识是非常关键的；设计方对其他专业知识学习与掌握，有助于提高BIM模型向下游参与方传递的效率
9	德州伍德希尔商业项目，美国	跨阶段——可行性分析阶段到概念设计阶段	跨组织——业主、设计方、施工总承包方	通过BIM进行可行性分析及概算	总承包方业务模式驱动，总承包方自发采用BIM	设计-施工总承包模式为BIM应用创造了集成合作环境；现场经验丰富的设计方与承包方的人员在理解建设项目安装复杂性方面有着重要的价值；越早对应用BIM的人员进行培训等投入，越有助于BIM实施
10	海岸警卫队多地设施规划，美国	设计阶段	跨组织——业主、设计方及运营方	采用BIM进行情境规划及设施评估	业主业务模式驱动，业主主导BIM实施	BIM带来流程的变化，产生了巨大的效益，对文化和合同安排带来巨大改变

（资料来源：Eastman et al.，2011 及本研究整理）

Fox 等（2007）的实地研究将 BIM 应用领域和 BIM 应用组织作为 BIM 情境的主要属性，将 BIM 情境分为四类：单维度 BIM 应用、多维度（*n*D）BIM 应用、跨组织单维度 BIM 应用、跨组织多维度 BIM 应用。

综上所述，BIM 情境的核心在于实现建设项目供应链完全协同，并且为项目增值，同时，BIM 情境下 BIM 应用价值的最大化来源于建设项目各参与方的集成程度最大化。BIM 情境是一个复杂的动态过程，其通过项目这一建筑业的载体得以具体化，其基本构成要素包括：项目参与方（业主、设计方、总承包方、分包商、项目管理方及咨询方等）、项目阶段（决策阶段、设计阶段、施工阶段及运营阶段）、BIM 应用的领域（场地分析、协同设计、碰撞检查、4D 施工模拟、能耗分析等）。各要素间不同的组合刻画了不同的 BIM 情境。本研究对 BIM 情境理解为**建设项目采用 BIM 对项目信息流进行管理的过程，具体表现为 BIM 在建设项目中实施范围、实施阶段及参与组织，BIM 实施所需的相应能力（组织集成程度、流程集成程度及技术兼容程度）和所产生的相互关系。**

2.1.2　我国 BIM 情境的初步分析

从全球范围看，BIM 已被普遍视为建筑业变革的重要战略手段。已引起美国、欧洲及亚洲韩国、日本等国政府、研究机构及行业实践者的高度重视，并在行业实践中得到越来越广泛的应用，例如：美国总务管理局（General Services Administration，GSA）于 2003 年推出国家 3D-4D-BIM 计划，并陆续发布一系列 BIM 指南。美国联邦机构如美国陆军工程兵团（United States Army Corps of Engineers，USACE）在 2006 年制定并发布了一份 15 年（2006—2020 年）的 BIM 实施路径图。美国建筑科学研究院于 2007 年发布 NBIMS，并成立 Building SMART 联盟（Building SMART Alliance，BSA），负责 BIM 应用研究工作。2010 年，美国俄亥俄州政府颁布 BIM 协议，日本国土交通省宣布推行 BIM 技术，至今日本 BIM 应用已扩展到全国范围，并上升到政府推进的层面。欧洲、韩国、新加坡也已有多家政府机构致力于 BIM 应用标准的制定。

我国在 BIM 领域的研究及实践从 2004 年 Autodesk 公司借 BIM 设计工具软件在国内大力推广 BIM 理念开始，国内逐渐开始接触 BIM 的理念和技术。

1. 国家层面视角

2007 年基于 BIM 技术的下一代建筑工程应用软件研究列入“十一五”国家科技支撑计划重点项目。2012 年 BIM 已被住房和城乡建设部列为“十二五”期间重点攻关项目。2012 年 3 月成立中国 BIM 发展联盟，推进我国 BIM 技术、标准和软件协调配套发展。2012 年 6 月，中国 BIM 标准研究项目开始启动。

2. 行业层面视角

建筑业行业协会、科研院校及 BIM 软件提供商在 2004 年就为中国 BIM 应用奠定基础。2004 年中国首个建筑生命周期管理（BLM）实验室在哈尔滨工业大学成立，并召开 BLM 国际论坛会议。清华大学、同济大学、华南理工大学在 2004—2005 年间先后成立 BLM 实验室及 BIM 课题组，当时 BIM 作为实现 BLM 的有力工具出现。2008 年 10 月由中国建筑学会和欧特克公司共同举办的中国首届 BIM 设计大赛举办，共吸引了 130 余家国内主要建筑设计机构、高等院校的 167 件作品参赛。此后，2009—2013 年中国勘察设计学会和欧特克公司每年举办“创新杯”BIM 设计大赛，这作为国内 BIM 领域的“金马奖”，推动着 BIM 在国内的应用与发展。2011 年，华中科技大学成立 BIM 工程中心，成为首个由高校牵头成立的专门从事 BIM 研究和专业服务咨询的机构。2013 年 9 月 Building Smart 中国分会成立。

3. 企业层面视角

2010 年以后，随着上海中心大厦项目率先在超高层领域使用全过程的 BIM 应用示范，不少大型项目及政府投资项目的业主也渐渐提出 BIM 应用需求，各大建筑业企业（设计企业、施工企业以及咨询企业）踊跃成立 BIM 部门以响应市场需要，上述企业凭借自身的市场地位及市场影响力，推动着 BIM 在中国的应用。上海市安装工程集团有限公司 2009 年成立 BIM 工作室，上海建工集团 2009 年成立 BIM 工作室，上海城建（集团）公司 2010 年成立 BIM 仿真研究中心，上海现代建筑设计（集团）有限公司 2009 年成立 BIM 工作组，上海建科工程咨询有限公司 2011 年成立 BIM 中心。

4. 项目层面视角

我国基础设施建设规模已进入全球领先行列，项目复杂程度越来越高、超大型工程项目越来越多，项目各参与方都面临着巨大的投资风险、技术风险和管理风险。BIM 已引起建筑业企业高度关注，除了业主要求外，已有不少建设项目的参与方尝试 BIM 的应用，以应对上述挑战。作者所在的同济大学 BIM 研究团队 2011 年对上海各大建筑业企业 BIM 应用的调研中，收集了各企业典型的 BIM 应用项目案例，如表 2-2 所示。

表 2-2　调研企业典型 BIM 应用的项目案例

序号	项目名称	项目特征	项目规模	关键参与方	BIM 应用年份	BIM 应用阶段	BIM 应用目标
1	天津港国际邮轮码头客运大厦项目	异形结构、复杂、进度紧、各专业协调量大	5.7 万 m^2	CCDI 悉地国际	2008 年	设计阶段、施工前准备阶段	提高设计质量、减少错漏碰缺、提高可施工性、减少设计变更、提高施工效率

续表

序号	项目名称	项目特征	项目规模	关键参与方	BIM应用年份	BIM应用阶段	BIM应用目标
2	世博会德国馆项目	结构复杂、空间关系复杂、与周围环境融合要求高	6000m^2	上海现代建筑设计（集团）有限公司	2009年	施工图深化	3D设计解决复杂空间关系，提高可施工性
3	杭州奥体中心主体育场项目	建筑造型复杂	50万m^2	CCDI悉地国际	2009年	初步设计、施工图设计、施工前准备阶段	设计方案比选及优化、减少错漏碰缺、提高可施工性
4	上海中心大厦项目	超高层建筑、建筑形式复杂、参与方众多	57.6万m^2	上海中心大厦建设发展有限公司 同济大学建筑设计研究院（集团）有限公司 上海建工集团股份有限公司	2008年（设计方） 2010年（总承包方）	设计阶段、施工管理阶段（运营阶段在规划中）	3D设计对复杂建筑形体进行描述，提高施工质量、减少返工
5	华东师范大学物理信息楼项目	建筑平面布局丰富	3万m^2	同济大学建筑设计研究院（集团）有限公司	2009年	设计阶段	减少设计推敲过程中频繁修改导致的设计错误，提高设计效率与质量
6	南昌昌北国际机场改扩建项目	大跨钢结构、系统间衔接要求高	9.9万m^2	CCDI悉地国际	2009年	初步设计、施工图设计、施工前准备阶段	提高设计质量、减少错漏碰缺、提高可施工性、幕墙及屋面材料的预制构件加工模拟

续表

序号	项目名称	项目特征	项目规模	关键参与方	BIM 应用年份	BIM 应用阶段	BIM 应用目标
7	旧金山国际机场 2 号航站楼改造项目	可持续要求高	6 万 m^2	Gensler	2009 年	设计阶段	实现项目可持续目标、零能耗、减少碳排放
8	上海中山肝肿瘤及心血管综合楼项目	工程体量大、特殊设备及管线安装要求高、建设周期长	17.6 万 m^2	上海上安机电设计事务所有限公司	2009 年	机电深化设计、机电安装	实现绿色设计与施工，确保设计与安装的准确性，提高安装一次性成功概率、减少返工
9	曹妃甸国际生态城水上会馆项目	建筑造型复杂，可持续要求高	6000m^2	上海现代建筑设计（集团）有限公司	2010 年	设计阶段	3D 设计提高设计质量及效率、提高可施工性，满足“低碳、绿色、节能”的要求
10	东方金融广场项目	机电系统复杂、空间要求高	11 万 m^2	CCDI 悉地国际	2010 年	机电深化设计	优化机电深化设计方案，指导安装

注：本研究根据访谈信息、访谈对象提供的相关文件资料及各项目网络信息整理。

5. 技术层面视角

BIM 技术的核心是基于 BIM 的建设工程应用软件（马智亮，2010），其不再是依靠某一个或某一类软件就能解决所有问题（Smith，2009）。本研究对我国现有的 BIM 软件进行梳理，并按照软件的应用目的分为建模软件、功能分析软件和管理软件，如表 2-3 所示。

表 2-3　我国现有 BIM 软件分类

BIM 软件	软件商	建模软件	功能分析软件	管理软件
Revit 系列软件	Autodesk	创建建筑、结构、机电模型		
Bentley 系列软件	Bentley	创建建筑、结构、机电模型		
ArchiCAD	Graphisoft	创建建筑、结构、机电模型		
Rhino		创建幕墙模型		
Xsteel		钢结构模型		
Echotect	Autodesk		能耗分析	
Green Building Studio	Autodesk		能耗分析	
Navisworks	Autodesk		碰撞检查	施工进度模拟
鸿业	鸿业科技		机电分析	
博超	博超时代		机电分析	
PKPM	中国建筑设计建研院		结构分析	
Synchro Professional	Synchro Ltd.			施工进度模拟
Vico	Vico Software			进度、造价管理
鲁班 BIM	鲁班软件			造价管理
广联达算量	广联达		工程量计算	
斯维尔 BIM	深圳斯维尔		工程量统计清单计价	
ArchiBUS	ArchiBUS Inc.			运营管理

从表 2-3 中发现，我国目前主要的建模软件以国外软件为主，且不同软件用于不同的专业，功能分析软件和管理软件也有着较多的种类，为了适应我国现有相关规范和惯例，国内的 BIM 软件商研发了机电分析、结构分析和造价管理等专业领域的软件产品。因此，我国不同阶段、不同专业均有一个或多个 BIM 软件应用。而 BIM 应用在项目全寿命周期各个阶段和各个专业的目标，要求基于 BIM 的

建模和信息管理工具能够将项目信息在项目全寿命周期进行无损无缝传递（王广斌等，2009b；Wang et al.，2010）。现有软件间信息交互机制主要基于 IFC 标准进行数据交换，但交互的结果只能提供建筑几何形状信息和部分材料使用与属性信息，从而导致软件间数据交互后信息的损失。因此，目前我国 BIM 技术的兼容程度仍处于较低水平。

从上述分析中可以发现我国 BIM 情境具有以下特征：①从应用的参与方来看，BIM 的应用仍以单个参与方应用为特征，例如设计企业以复杂节点可视化设计、错漏碰缺检查等应用为主，施工企业的应用以机电深化设计、管线综合为主。②从应用的范围来看，各案例均以解决不同参与方的工作难点的局部应用为主。③从应用的集成度来看，仍延续了建设项目割裂的本质，BIM 模型分散在不同参与方各自的应用中，不同参与方模型难以进行信息交换和共享。④从应用的阶段来看，各个阶段的应用仍然是割裂的，全寿命周期的 BIM 应用在某些项目中有所体现，但重复建模的工作仍在不同阶段发生。⑤从技术兼容程度看，我国现有的软件兼容程度处于较低水平。此外，目前仍缺乏有效的 BIM 应用价值量测体系及统一的实施标准，建设项目关键参与方仍在 BIM 投入和 BIM 应用价值的两难选择中徘徊。

上述国内 BIM 应用特征，得到越来越多的学术界和产业界的重视及反思。同济大学王广斌 BIM 研究团队 2011 年对上海地区 28 家建筑业企业进行调研，针对国内 BIM 应用现状提出政府对策（王广斌等，2012）。王广斌等（2011）提出设计企业与施工企业基于创新应用合作的复杂动态博弈模型，并探讨了业主激励策略的有效性及局限性。

综上所述，我国 BIM 应用正处于一个快速上升的阶段，但目前仍存在诸多障碍，但政府部门为推动 BIM 应用逐步提供政策和法规支持，行业协会为推动 BIM 应用提供 BIM 成果展示平台和标准指南，建筑业领先企业为推动 BIM 应用积极探索实施路径，这为本研究进行我国 BIM 情境刻画提供了背景信息。

2.2 建设项目跨组织关系

2.2.1 跨组织关系的定义与特征

1. 不同学派对跨组织关系的定义

自 20 世纪 80 年代初以来，跨组织关系（Inter-organizational Relationships）的研究呈现出百家争鸣的研究盛况，不同的理论学派的研究者从不同立场对这一问题和现象进行了研究，并从不同的范式角度阐述跨组织关系的内涵与外延，极大地丰富了跨组织关系的研究。①交易成本经济学是较早对跨组织关系进行研究的学科，交易成本理论认为，由于人的有限理性、未来的不确定性、资产专有性，以及现实中契约的不完备性，机会主义和冲突的出现是不可避免的。②基于资源的观点强调资源战略，认为随着跨组织关系的发展，管理者从利用组织本身资源逐渐认识到利用跨组织的资源来获取竞争优势，资源基础观已经发展成为解释跨组织关系的主要力量。其代表性学者 Dyer 等（1998）认为跨组织资源是一种基于组织间合作关系的战略性资源，主要着眼于获取互补性知识资产和建立与维护核心竞争力等问题。Gulati（1998）从跨组织互动的视角来探讨知识边界的理论框架，从对企业战略性资源的探讨逐渐转向跨组织知识资源，将跨组织关系简单归纳为只来自水平或垂直价值链上的不同组织之间的关系。③社会关系理论的隐含前提是社会人假设，认为跨组织关系除了受机会主义、有限理性和不确定性等因素的影响，信任、声誉、承诺、忠诚等也是决定跨组织关系的重要因素。以 Powell 为代表的学者强调跨组织关系是由企业间的一系列水平或垂直的相互关系组成，包括企业与供应商、分销商、顾客以及竞争对手等跨组织的互动关系，重点关注的是企业之间的互惠、信任等概念（Powell et al.，1996）。④组织学习理论认为，跨组织关系形成的动因是从合作伙伴那里获得新的技术和能力，通过学习来扩展其独特的能力组合，降低组织学习的成本，提高自身的核心能力。以 March 和 Simon 为代表的学者认为跨组织学习是企业获得持续竞争优势的关键因素，跨组织学习是一种动态能力，目的在于使组织适应外在环境的变化，从而提升竞争力与绩效（March et al.，1958）。

从不同学派的思潮中，Van de Ven（1976）提出跨组织关系的定义是指发生在两个或两个以上组织间相互的资源交易（金钱、物理设施和材料、客户或客户推荐、技术人员服务等）、信息流动和联结。该定义对跨组织关系的范围、内容、方式进行了界定。并提出在表现为任何集体行为组织形式的基本元素的前提下，两个或两个以上组织间良好的跨组织关系可以概念化为社会行动体系（Social Action System），包括①各组织方的行为旨在实现集体和自身利益的目标；②通过任务和功能分工，各组织方在过程中呈现出相互依赖性；③跨组织关系可以作为一个单元并有一个独特的身份区分各组织方。各组织方的行为相互关联，随着时间的推移，各组织方承担相应的角色，并对跨组织关系中各方的权力和义务产生相应的期望（Van de Ven，1976）。随着信息技术的发展和网络环境的出现，Oliver（2004）提出了网络环境下的跨组织关系的定义，认为跨组织关系是发生在两个或两个以上的组织之间的相对持久的资源交易、信息流动和联结关系，是在电子商务环境下，以一定的契约为基础的，共同承担风险和分享利益的合作形式。Oliver（2004）进一步对跨组织关系进行了阐述：①跨组织关系是一种动态的、边界模糊的新型组织形式。②跨组织关系是网络信息环境下，基于信息技术、企业自身战略发展需要的产物。③跨组织关系的形成是为了获得竞争优势、实现整体战略为目标的。④跨组织关系下企业之间是一种竞争合作关系。

2. 跨组织关系的特征

从上述学者对跨组织关系的定义及解释，本研究认为跨组织关系的特征最主要体现在以下几方面。

（1）组织边界模糊性。

跨组织关系产生在两个或两个以上的组织间的社会行动系统中，组织间的社会结构可视为一个单元，其通过结构（Structure）和过程（Process）来组织成员活动。结构是指用来定义各组织方的角色关系而建立的管理框架（Administrative Arrangement）；过程则是活动流（Flow of Activities），指各组织方间资源流和信息流的方向和频率。

（2）动态性。

跨组织关系会随着环境、组织、目的和动机的不同有不同的内涵，风险偏好的不同也会导致跨组织关系的差异。跨组织关系是不同组织的跨组织互动关系，而非静态的关系。Ring 等（1994）提出跨组织关系的发展是一个持续的过程，涉及的组织不断地进行沟通与交流，对各自未来的行为进行承诺，并且对跨组织关系进行持续评价。

（3）多维性。

跨组织关系融合了不同学科的观点，既有行为方面的特征（如相互依赖），又有态度方面的特征（如信任）；既能是长期的关系，也能是短期的关系（Van de Ven，1976）。其内涵也体现在不同的方面，如沟通机制、资源共享机制以及联合决策机制。

3. 跨组织关系的维度与产出

基于上述特征，大量有关跨组织关系的研究集中在识别跨组织关系的相关维度，并进行相应的分类（Oliver et al.，1998）。无论是在单个维度还是多个维度的视角，研究者们对跨组织关系特征有着不同的阐释：弱关系/强关系（Granovetter，1973），臂长关系（Arm’s-length）/嵌入式关系（Embedded）（Uzzi，1997），长期关系/短期关系（Van de Ven，1976）。Oliver 等（1998）将跨组织关系分为：二元（Dyadic）关系、多元（Multiple）关系、水平（Horizontal）关系、垂直（Vertical）关系、所有权（Ownership）关系、合同（Contractual）关系、社会（Social）关系及政治（Political）关系。在跨组织关系维度的探讨中，学者们对跨组织关系的要素进行了界定，包括：信任（Thorelli，1986；Johanson et al.，1987；Ring et al.，1992）、相互作用的频率（Oliver et al.，1998；Dyer，2002）、相互依赖（Johanson et al.，1987；Grandori et al.，1995）、权力（Holmlund et al.，1997；Oliver et al.，1998）、持久性（Ring et al.，1992；Gulati，1995）、共同目标（Oliver et al.，1998；Sobrero et al.，1998）等。

也有学者从跨组织关系的产出角度对跨组织关系进行了探讨。Jones（1997）对以信任为主的跨组织关系如何利用社会协调机制进行了探讨。Bradach 等（1989）以及 Adler（2001）提出信任作为协调机制可以对定价和权威进行补充。同时，Uzzi（1997）发现内嵌的跨组织关系可以产生不同的效益，例如各参与组织间的信息共享的粒度、联合解决问题等，以及减少机会主义行为。还有学者对跨组织关系如何提高绩效减少交易成本进行了探讨　（Ouchi，1980；Jarillo，1988；Noordewier et al.，1990；Gerlach，1992；Parkhe，1993；Dyer，2002；Dyer et al.，1998；Zaheer et al.，1998）。

综上所述，跨组织关系是建立在两个或两个以上组织间的联结，组织间的边界随着跨组织关系的发展而模糊，其目标是为了实现整体战略，提升竞争优势。在对跨组织关系的研究中，无论是从跨组织关系的维度还是从跨组织关系的产出，现有的研究成果对跨组织关系的关键要素一致指向信任、相互依赖、共同目标以及权力。这为本研究界定建筑业跨组织关系及其关键要素提供了理论基础。

2.2.2 建设项目跨组织关系的内涵及特征

1. 建设项目跨组织关系的内涵

有学者从制度理论、交易成本理论以及资源依赖理论对建设项目跨组织关系分别进行阐释。①制度理论认为，建设项目参与方寻求合适的组织建立联盟，是因为在项目执行过程中需要规范的制度来维护社会-政治的合法性（Knoke，2003）。②交易成本理论则解释了是通过内部化还是外部化的决策来完成建设项目，一旦决定通过外部化市场从其他组织中获得资源，则联盟是必要的（Williamson，1975）。③资源依赖理论解释了为什么建设项目需要不同组织共同完成，建设项目是通过所需要的资金、原材料、设备、技术与技能等资源将业主、设计方、总承包方甚至咨询方联结到一起（Buckley et al.，1998）。Albanese（1994）从建设项目团队视角，对比了组织内和组织间关系。他指出组织内项目团队是指团队中的所有成员均来自同一组织，例如业主、设计方、总承包方等的任意一方，它直接关注如何提高本组织的效率和有效性，而对提高项目效率的关注则带来的是间接贡献。跨组织项目团队指团队中的成员分别来自业主、设计方、承包商等不同组织的代表，通过处理业主、设计方、总承包方间的工作关系中的问题而直接关注项目的整体效率。

2. 建设项目跨组织关系的特征

建筑业作为一个松散耦合的行业，跨组织关系通过建设项目这一载体继承并延续了建筑业的固有特征，包括割裂性、临时性和对立性（Cherns et al.，1984；Koskela，1992；Beach et al.，2005）。

（1）割裂性。

Dubois 等（2002）通过分析建设项目的生产过程，提出建筑业的整体供应链上各子过程差异明显，导致各参与方之间关系松散，组织结构呈现出破碎化特征。Fong 等（2007）对中国香港建筑业市场的研究指出组织结构化破碎是香港建设行业目前面临的重要问题。Girmscheid 等（2010）从信任的形成方式和过程的角度进行研究，发现建设项目各参与方间获得相互信任的方式多基于面对面，而这种方式下产生的信任会随着建设项目的结束而迅速瓦解，难以延续到下次合作中，从而导致建设项目各参与方关系的松散。

（2）临时性。

不论是关系钻石理论还是五阶段关系模型均指出跨组织关系的建立与发展，乃至最终达到稳定和成熟都必须以长期关系为导向（Fong et al.，2007；Wetzels et al.，1998），但是研究建筑业的学者提出建筑行业是以建设项目为载体，建设项目各参与方的合作通常以项目的建设周期为限（Dulaimi et al.，1996；Dulaimi et al.，2003；Fong et al.，2007），随着项目的竣工而结束。这也导致建筑行业的跨组织关系表现出一种临时性和不稳定性。

（3）对立性。

不少学者都探讨了建设项目中各参与方间的对立关系，其中以业主、设计方和总承包方之间的对立关系为主。Albanese（1994）调查了当时 ENR 排名前 400 的 60 家全球大型的总承包方，在回收的 28 份有效问卷中，有 20 家企业认为这种对立关系是存在的。建设项目各参与方都基于短期的各自理性而行动，这往往导致了各参与方间的冲突（Borys et al.，1989）。Thompson 等（1998）指出传统上承包商和业主的关系本质上是对立的。还有学者分析了中国香港和新加坡的建筑市场，其研究发现建设项目各参与方间的对立关系是普遍存在的（Dulaimi et al.，2003；Fong et al.，2007）。

上述三个特征是传统建筑业跨组织关系的主要体现，为了改善建筑业跨组织关系，诸多学者进行了相关研究。其研究表明：成功的跨组织关系是以相互信任、清晰理解各参与方的角色和目标为基础，并且这样的跨组织关系能够为建设项目的各参与方带来收益，例如伙伴关系（Barlow et al.，1997；Bennett et al.，1998；Black et al.，2000），这与大多数跨组织关系研究的结论相一致；反之，失败的跨组织关系则缺乏这样的基础，尤其是缺乏有效的沟通与信任。Larson（1995）提出项目伙伴关系是将建设项目各参与方从合同关系演进为具有共同目标、凝聚力、合作的跨组织关系，能够建立更为及时有效的冲突解决程序。Egan（2002）提出成功的供应链关系管理需要将建设项目各参与方的对立关系转化为互为合作的关系。上述研究发现凸显了跨组织关系的动态性特征，即跨组织关系会随着组织间的沟通与交流、信任而发展。

3. 跨组织关系的要素

在研究建设项目跨组织关系的学者中，有不少学者对跨组织关系的要素进行了识别。跨组织关系分为正式关系和非正式关系，这是关系管理和资产组合理论里经典的分类方法（Kraljic，1983）。Lambert（1996）根据该二分法将建设项目跨组织关系分为两类：一类是基于市场治理的交易关系即正式的合同关系；一类则是基于信任的关系，即非正式关系。建设项目基于合同的正式关系的特点是专注于输赢、互不信任、互不共享信息、解决问题效率低，并且风险分担不公平（Larson，1997），这往往导致各参与方的目标自利、关系对立、缺乏沟通以及冲突频繁（Thomas et al.，2005）。在非正式关系中，信任、共同目标、相互依赖占据着主导地位（Albanese，1994）。Hellard（1995）在对项目伙伴关系的成功因素的研究中发现信任、平等、共同目标与及时沟通是关键要素。Chan（2003）提出项目伙伴关系最关键的 5 个成功要素是有效的沟通、共享、清晰的职责、信任以及过程监控。同时，本研究在对建设项目跨组织关系的相关文献的梳理中识别了市场地位也是跨组织非正式关系中的关键要素，如表 2-4 所示。从上述研究的共同点不难看出，建设项目跨组织关系中的正式关系以合同关系为主导，而非正式关系中以信任、沟通、共同目标以及市场地位为主导。

表 2-4　建设项目跨组织关系的研究

相关研究	主要贡献和观点	相关要素
Eccles，1981	总承包方为特定项目选择分包方时倾向于在过去一段时间内有良好的绩效表现的企业	市场地位
Hellgren et al.，1995	项目网络内的参与方持续平衡他们的短期和长期利益	合同关系、伙伴关系
Bresnen et al.，2000	建筑业建立跨组织关系的挑战	对立关系
Berggren et al.，2001	缺乏长远视角对项目型企业的生存会形成威胁，项目管理和控制的外包将使项目参与方间的跨组织关系复杂化	相互依赖
Dainty et al.，2001	小企业可能不愿意与大企业间建立跨组织关系	市场地位
Windeler et al.，2001	项目参与方由跨组织关系所串联，可促使形成任务分配需求的共识	目标一致
Zaghloul et al.，2003	基于信任的跨组织关系将减少项目合同各方的风险费用	信任
Kadefors，2004	项目的合同安排将影响项目各参与方的跨组织关系特征	合同关系
Ahola et al.，2006	建立长期的跨组织关系有益于在新市场领域占有主导地位	市场地位
Eloranta，2007	项目阶段性的本质难以在项目型企业间建立以信任和承诺为特征的跨组织关系	信任
Crespin-Mazet et al.，2007	以信任、承诺和一致目标为特征的项目跨组织关系，可能成功应用合约策略来替代竞争性投标	信任、共同目标

4. 跨组织关系对建设项目的影响

有学者将建设项目跨组织关系分为三类，包括传统的敌对关系、短期的合作关系和长期的合作关系。并将项目伙伴关系视为短期的合作关系，战略伙伴关系视为长期的合作关系（CII，1996；Critchlow，1998）。不同的跨组织关系对建设项目带来不同的影响。

不少学者针对建设项目各参与方间敌对关系和短期的合作关系为建设项目带来的影响进行研究。研究结果表明：建设项目所处的环境由于需求的不连续导致项目各参与方难以建立长期的以信任和承诺为特征的跨组织关系（Eloranta，2007），其原因主要在于业主与总承包方、业主与设计方、设计方与总承包方之间的对立关系（Dahlgren et al.，2001；Berggren et al.，2001）。Kadefors（2004）发现项目的合同安排将影响项目参与方之间的跨组织关系。例如，严格的合同激励措施将引发项目中的机会主义行为。Artto（2008）描述了跨组织关系在项目网络环境中将有机会成为风险源。建设项目各参与方需要持续平衡他们的短期利益和长期利益（Hellgren et al.，1995），在项目过程中，各参与方都在追逐各自的利益，甚至不惜以牺牲其他参与方的利益为代价（Buckley et al.，1998）。同样的，跨组织关系既能推动项目组织又对项目组织具有约束（Manning，2008）。Karim（2006）探讨了如何系统地识别建立跨组织关系的要素，并如何处理建立跨组织关系相关的挑战。Bourne 等（2006）对支持有效建立项目各参与方成功地跨组织关系的方法进行了研究。

除了探讨业主与设计方、业主与总承包方间的传统的敌对关系和短期的合作关系之外，建设项目参与方的长期合作关系可以通过战略合作伙伴关系进行解释，尤其是总承包方与分包方的关系。例如 Eccles（1981）提出总承包方与其分包方能够建立更为长久的合作以共同为不同的业主完成项目。项目环境中建立长期跨组织关系能带来的好处包括：市场准入（Ahola et al.，2006）、支持项目营销活动（Cova et al.，2002）、减少承包商风险费用（Zaghloul et al.，2003）、建立项目参与方之间任务分配需求的共识（Windeler et al.，2001）、绩效的提升（Hobbs et al.，2001；Sodaet et al.，2004）和成功使用替代竞争性投标的合约策略能力（Crespin-Mazet et al.，2007）。Soderlund 等（1998）认为项目参与方之间缺乏长期跨组织关系会显著降低项目成功的可能性，Dubois 等（2000）则认为缺乏长期跨组织关系将降低项目型行业的效率和创新性。Dainty（2001）认为分包方在与业主建立长期跨组织关系方面存在顾虑。Berggren（2001）阐明建设项目业主对项目管理和控制采用外包将使项目参与方之间的跨组织关系复杂化。一些研究还强调项目参与方间的跨组织关系往往相当持久，且不仅限于单个项目，还在不同项目中其跨组织关系的特征也不同。例如，在一个项目中大部分的跨组织关系是以高度的信任和承诺为特征，而在另一个项目中大部分跨组织关系是以低度的依赖和高需求的服从监控为特征的（Bengtson et al.，2001；Sydow et al.，2002），这与跨组织关系的普遍特征动态性和多维性一致。

综上所述，现代工程建设环境的复杂多变性，专业的复杂性及新技术的不断应用，使得建设项目组织日益呈现多样化趋势，具体体现在：建设项目的业主与各参与方之间，各设计单位与施工单位之间的内在相互关联性日趋加强，各方的利益互动性日益明显。从上述研究成果中，不难发现跨组织关系的研究往往都基于供应链关系和伙伴关系，跨组织关系的演进是一个复杂动态的过程，受合同安排、信任以及市场地位等要素的影响。但现有的研究成果对建设项目跨组织关系的演进过程和路径的识别较少。本研究认为建设项目跨组织关系是建立在项目各关键参与方的合同关系基础上，即业主与设计方、业主与总承包方等基于合同形成的正式关系，而设计方与总承包方是为了共同完成的任务而形成了临时的工作关系，属于非正式关系，非正式关系也即通过各参与方的专业技术与技能进行联结，信任和市场地位是主要的影响因素。

2.3 BIM 情境与跨组织关系的相互影响

目前，关于 BIM 情境与跨组织关系的相互作用的研究成果较少，本研究从跨组织技术创新的视角，主要借鉴供应链管理的跨组织信息技术及建筑业其他信息技术与跨组织关系的关联方面的研究成果，梳理 BIM 情境与跨组织关系的相互作用。

2.3.1 BIM 情境对跨组织关系的影响

跨组织创新技术的应用，一方面要求对企业战略、组织结构、流程和文化等作出相应的改变；另一方面提高组织内部运作的效率，有利于企业与外部进行沟通和信息交流。

1. BIM 技术特性视角

学者们从 BIM 技术特性出发，提出 BIM 情境对跨组织关系的作用。Eastman（2008）指出在建设项目中运用信息沟通技术能够提高跨组织沟通、协同与合作。Dossick 等（2009）的研究发现，BIM 应用要求建设项目参与方之间的交流与合作更加密切。Andre（2011）和 Udom（2012）指出 BIM 作为跨组织信息技术，其在建设项目中应用，会使得建设项目各参与方之间的关系愈加紧密。以 BIM 为驱动的工作流程将建设项目各参与方联结在一个互惠、相互依赖的共享平台（Sears et al.，2010），建设项目各参与方间互动频繁、共同决策以及共同解决问题（Redmond et al.，2012）。

2. 集成化交付方式视角

还有不少学者将 BIM 与集成化项目交付（Integrated Project Delivery，IPD）相结合进行研究，从集成化合同关系的角度来解释 BIM 对跨组织关系的作用。AIA（2007a）提出 IPD 是实现建设项目各参与方协同效应最有影响力和最为有效的方法。Ashcraft（2008a；

2008b）指出没有 BIM 也可以进行集成化项目交付，BIM 也可以在非集成化情境中实施，但是只有 BIM 和 IPD 相结合才能最大化 IPD 和 BIM 的效益。Glick 等（2009）的研究却发现建设项目过程割裂的信息流导致 IPD 无法贯穿项目始终。AIA（2007a）发出倡议要通过 IPD 实现有效的协同，而 BIM 是其中的关键。Ilozor 等（2012）认为，BIM 情境下的组织、流程和信息流的有效集成，能促进项目全寿命周期中各个参与方彼此间的沟通与合作。

3. 项目文化视角

也有学者从文化的角度提出 BIM 情境对项目文化带来的影响。项目文化由建设项目的各个参与方的组织文化组成，具有多样性特征。Succar（2009）、Philp（2012）和 Eastman（2011）一致认为 BIM 情境下会对项目文化带来根本性的变革，最主要体现在项目交付过程中的工作流程。这需要项目各个参与方在整个过程中共同努力（Hardin，2009；Gu et al.，2010；Arayici et al.，2011；Philp，2012）。Andre（2011）提出成功采用 BIM 会促使建设项目各参与方达成采用技术的协议并为之共同努力。Hartman（2012）指出 BIM 情境下能为建设项目的各个参与方带来全面的提升。

4. 供应链管理视角

在供应链跨组织信息系统的研究成果中，不同的研究者有着不同的看法。例如，跨组织信息技术降低了沟通成本，促使供应链企业间合作更密切（Malone，1987；Bakos，2000），并能形成更加和谐的合同关系（Saeed et al.，2005）。跨组织信息系统会导致供应链企业间的不信任、矛盾心理以及合作伙伴间的抵触（Clemons et al.，1992），并降低供应链企业间的信任程度（Carr et al.，2002）。还有研究指出跨组织关系和采用跨组织信息技术之间并没有绝对的联系（Vickery et al.，2003）。

综上所述，BIM 情境的相关研究，从技术视角、集成化交付视角及项目文化视角发现 BIM 情境对建设项目跨组织关系的正向作用，而供应链领域的研究成果为 BIM 情境对跨组织关系的作用提供了有益的借鉴，也拓展了本研究的分析视角。

2.3.2 跨组织关系对 BIM 情境的影响

1. 建设项目的组织异质性视角

关于跨组织关系对建设项目信息技术应用的影响已取得较多成果。有学者的研究发现，建设项目各参与方间的异质性是阻碍建筑业技术创新的重要原因，其对建筑业技术跨组织创新的作用方式体现在缺乏组织间沟通。Van de Ven（1986）从创新传播的角度指出，各组织间的异质性阻碍了创新的传播。Rogers 等（1970）从心理学的角度指出，同质性的组织会增加组织间的互动且沟通更为有效，而不同组织间的异质性导致组织个体具有不同的信念，而信念不同的个体之间的沟通会存在认知差异。异质性阻碍创新传播这一观点在建筑业也得到了证实（Larsen et al.，2005）。Lehtinen（2012）通过对芬兰建筑业两个极端案例的对比分析，指出影响 BIM 成功实施的关键要素包括：管理层支持、协作与控制、学习与经验、技术管理、交流沟通、动机及角色定义。并强调 BIM 的成功实施，需要管理层充分理解项目组织结构对 BIM 情境的影响。Cox 等（1997）以及 Holmen（2005）从建筑业的跨组织关系特征出发，指出建筑业多以竞争关系为特征，而这种特征造成的组织间缺少沟通，也是建筑行业创新水平较低的一个重要原因。

2. 合同关系视角

BIM 作为建筑业的跨组织创新技术，传统项目各参与方间的合同关系也限制着 BIM 情境向集成化演进。建设项目跨组织关系中的多决策主体和责权利统一的标准合同体系也是限制创新在建设项目中扩散的重要原因（Holmen et al.，2005）。组织间界限限制了BIM的应用，阻碍了BIM为建设项目增值的潜力，因而导致BIM的应用达不到预期效果（Alshawi et al.，2003）。Holmen（2005）研究了跨组织关系中的三大因素对BIM情境的影响，包括：合同中对采用BIM的要求；BIM主导方的市场地位；组织间沟通流程的清晰度。同时，Holmen等人的研究成果表明提高跨组织之间的合作是促进BIM在建设项目中应用的重要手段。Hartman（2012）指出建设项目中各参与方割裂的合同关系形成的松散项目组织阻碍了BIM在建设项目的应用。BIM情境下，促使建设项目各参与方关注共同目标，但各参与方基于合同又有着各自的组织目标。Dulaimi（1996）将建设项目视为短期的准联盟结构。在BIM情境下，共同利益和个体利益的斗争将贯穿项目始终。针对这一利益冲突，Van de Ven（1999）认为建设项目跨组织关系主要体现为合作、竞争、调整和冲突四种形式，并指出竞争、调整和冲突在建设项目跨组织关系中占据了主导地位。这一发现也表明建设项目各参与方间目标的不一致性。

3. 信任视角

由于缺乏信任，建设项目各参与方跨组织关系往往呈现出相互对立的特征（Harvey et al.，1998；Steele et al.，2001；Excellence，2004），各参与方间沟通困难（Michan et al.，2000；Parker，2007），无法促进BIM的跨组织应用。Tan等（2002）指出合作伙伴的抵制和协作关系的缺乏会抑制跨组织技术应用。而建设项目各参与方间的相互信任能够促进BIM的成功实施（AIA，2007b；Ashcraft，2008a；Ashcraft，2008b）。Dulaimi（2003）提出建设项目各关键参与方间建立信任的合作关系，增强信息和资源的共享，是BIM在建设项目成功应用的重要因素。Meier（1995）讨论了跨组织关系对跨组织技术的重要作用，并指出信任是其中的关键因素。组织间的良好合作关系是跨组织信息技术成功应用的前提（Miles et al.，1992；Themistocleous et al.，2001）。

综上所述，建设项目各参与方间的对立关系一直是建筑业的诟病，学者们对建设项目跨组织关系对 BIM 情境的影响，主要观点聚焦于合同关系和信任两方面对 BIM 情境的正向作用。

2.4 BIM 情境下的建设项目整体绩效

建设项目绩效通常定义为项目的业绩和效率（张三力，2006），包括过程绩效和结果绩效两方面。过程绩效指从概念到移交给业主的项目过程，以提高作业过程效率和管理过程效率为目标，以建设项目的成本和进度为评价指标。结果绩效指满足项目结果的目标，以建设项目的质量作为评价指标。

1. BIM 应用价值视角

BIM 情境下，学者们对 BIM 为建设项目带来的价值进行了研究。依据 BIM 作用过程将 BIM 应用价值分为四类（Eastman et al.，2008）：决策阶段的应用价值（概念和可行性分析）；设计阶段的应用价值（可视化、自动校正设计变更以及自动生成二维图纸等）；施工与制造阶段的应用价值（同步施工计划、碰撞检查、自动化制造以及投资估算等）和运维阶段的应用价值（辅助物业管理以及运营管理）。依据 BIM 作用的结果分为两类：一类是直接价值，指项目建设效率的提高，如减少投资、减少工期、投资回报率高等。Suermann（2009）通过问卷调查发现 BIM 对建设工程的质量和准时完工这两项绩效指标产生积极的影响。美国斯坦福大学对全球 BIM 应用项目的调查研究表明，通过有效应用 BIM 可降低 40%的设计变更，并将施工现场的劳动生产率提高 20%～30%（Kunz et al.，2005）。Giel（2009）通过对三个应用 BIM 的案例研究发现 BIM 的投资回报率变化幅度很大，从 16%～54%不等，项目过程中信息征询（RFI）显著减少，工程变更也显著降低。Salih（2012）对 BIM/VDC 的投资回报率的研究表明，BIM/VDC 会对成本节约等方面产生积极影响，带来极大的投资回报率，同时还会完全改变建设项目的工作流程和工作方式。Leite（2011）研究了一系列 BIM 应用案例，证明 BIM 在快速估算、工期、安装、信息征询等方面存在可衡量的价值。另一类是间接价值，指 BIM 对建设项目组织、流程以及跨组织关系的影响，如提高协调沟通效率、带来更为有效的组织模式，改善交易伙伴关系等。Qian（2012）通过对应用 BIM 的建筑业企业进行实证研究提出长期应用 BIM 会提高企业的效率和生产率，但 BIM 的成功应用需要在企业内部进行彻底的变革。Taylor 等（2009）的研究表明 BIM 技术可以促进集成项目参与各方的工作，增进协调。BIM 理论发展表明其不仅能用于表达建筑物的几何信息，还能协助建设项目管理。因此，BIM 情境拓展了建设项目绩效的内涵，需要在建设项目绩效中增加自动化效用（Automational Effort）、信息化效用（Informational Effort）以及变革效用（Transformational Effort）（Mooney et al.，1996）。正如 Jugdev 等（2005）所说的以“铁三角”为主体的建设项目绩效评价指标体系限制了项目的战略价值。

2. 项目利益相关者的视角

研究项目成功的学者提出项目结果绩效除了项目质量外，还需要从项目利益相关者的视角进行考虑（Westerveld，2003）。Collins 等（2004）通过对项目成功的调研发现投资、进度和质量仍然是项目绩效的重要指标，而实现业主目标是更为重要的指标。Smyth（2008）对 PPP 和 PFI 项目的研究发现，这两类项目不仅受正式合同关系的作用，也受项目跨组织关系的非正式关系的影响。伙伴关系的亲密程度与合作程度体现出项目各参与方间的信任，这对项目绩效起着至关重要的作用。Lu（2012）通过对建设任务中采用 BIM 和非采用 BIM 的两种学习曲线进行比较发现，BIM 在重复的建设任务和项目管理活动中可提供一个更为有效的虚拟学习环境。Bryde（2013）通过对 35 个 BIM 应用案例进行分析，发现 BIM 能对项目全寿命周期的费用控制带来最大效益，同时对缩短项目工期的效益也十分显著。而 BIM 应用会带来提升相关认知的需求，教育和培训会成为 BIM 应用的负效益，因此，BIM 情境下从跨组织关系角度拓展建设项目绩效内涵，需要增加满意度、成就感与满足感、学习机会和创新等与利益相关者有关的内容（许劲等，2010）。Atkinson（2001）对项目绩效重新思考，提出项目利益相关者的利益包括用户满意度、项目团队满意度和个人发展与学习等。

综上所述，现有的研究分别从 BIM 应用价值视角和项目利益相关方视角对建设项目绩效的内涵进行了拓展，其对本研究提供了有益的启示：建设项目绩效的认知方式需要从传统的“铁三角”向项目整体绩效转变，BIM 情境下，需要整合 BIM 效用和项目利益方视角对建设项目整体绩效的内涵进行拓展。

2.5 文献评述

学术界针对供应链企业间推动跨组织技术的研究数量逐渐增多的趋势，但拓展到建筑业 BIM 领域，当前多数研究仅就 BIM 情境本身或跨组织关系本身进行探讨，这为本研究提供了进一步的研究空间，主要体现在以下三个方面。

1. 核心概念的梳理

目前学术界对 BIM 情境的概念尚未有统一的共识，但学者们对 BIM 情境从不同角度进行了研究，从现有的研究成果中发现 BIM 情境的理论和实践存在差异。从 BIM 情境的理论分析中发现，BIM 被视为跨组织性创新和系统性创新，其对项目的组织、流程和技术产生影响。但从 BIM 情境的实践分析表明诸多障碍影响 BIM 在建筑业的应用，并且学术界和产业界更为关注的是解决技术层面的问题。

学者们针对建设项目松散耦合的跨组织关系的探讨主要基于交易成本理论、委托-代理理论、社会网络理论。但在结合 BIM 情境，探讨 BIM 情境的理论与实践的差异方面极为少见，因此尚缺乏对 BIM 情境与跨组织关系的多维度交互影响的系统性研究。

已有的研究成果为本研究识别 BIM 情境和跨组织关系的关键要素提供了理论基础。而现有文献中 BIM 情境的演化和建设项目跨组织关系的演进过程和路径的识别较少，这为本研究探明 BIM 情境与跨组织关系的关键要素及其相互作用方式提供了进一步的研究空间。

2. BIM 情境与跨组织关系的相互作用方式的识别

BIM 情境下允许信息跨组织边界传递，而这种跨组织边界的信息技术的应用意味着需要各参与方间更为紧密的沟通与协作，这类沟通与协作远远超越了建设项目各参与方之间传统的合同关系和工作关系。而学者们对于跨组织关系的研究存在不同的观点，交易成本理论的观点主要面向长期的伙伴关系，但忽视了关系交换中信任、承诺、依赖关系等一系列无形的因素。社会网络理论的观点主要面向合作伙伴关系管理，并未将 BIM 置于系统的角度来分析 BIM 情境下对组织、流程、技术上的冲击。

从 BIM 情境与跨组织关系的相互作用的研究现状来看，均以二者间单向作用的研究为主线，尚缺乏结合不同的理论观点来系统的研究 BIM 情境与跨组织关系的相互作用方式。这为本书提供了进一步的研究空间。

3. 建设项目整体绩效的认知

建设项目各参与方倾向于追求自身利益还是倾向于追求项目整体利益，反映了对建设项目整体绩效的两种完全不同的认知方式。

项目整体绩效的认知不同于各参与方自身绩效的认知，也不同于传统的投资、进度、质量“铁三角”项目绩效认知方式。但回顾相关文献来看，绝大部分研究关注的是面向项目本身绩效的度量，而没有考虑到BIM情境下BIM应用后对各参与方自身绩效和项目绩效所产生的双重影响。因此，需要明确项目整体绩效来进一步阐释 BIM情境与跨组织关系的相互作用结果，以更好地指导建设项目实施BIM这类跨组织创新技术，这也为本书提供了进一步的研究空间。

因此，基于上述研究成果，本研究将进一步界定BIM情境、跨组织关系及项目整体绩效的内涵，识别BIM情境与跨组织关系的关键因素以及二者的相互作用方式，并以此构建理论模型及提出理论假设。

第 3 章

BIM 情境与跨组织关系的概念界定与关键因素分析

3.1 关键概念界定

3.1.1 BIM 情境

无论是学术界还是产业界都对 BIM 进行了广泛的定义。BIM 所涉及的范围，包括以下三方面：从技术层面探讨 BIM 相关软件及软件间兼容性、BIM 标准等技术问题；从跨组织边界层面探讨 BIM 如何改变组织间的边界，及其引发的组织和流程的改变；从绩效层面探讨 BIM 对建筑行业、建筑企业及建设项目三个层次产生的效用。本研究以建设项目为分析层次，整合 BIM 不同定义发现，BIM 是具有跨组织边界的系统性创新过程，这一内在属性根植于 BIM 情境中，这使得 BIM 情境是一个复杂的动态过程，其通过项目这一建筑业的载体得以具体化，主要构成要素包括：项目参与方（业主、设计方、总承包方、分包商、项目管理方及咨询方等）、项目阶段（决策阶段、设计阶段、施工阶段及运营阶段）、BIM 应用的领域（场地分析、协同设计、碰撞检查、4D 施工模拟、能耗分析等）。各要素间不同的组合将会形成不同的组织集成程度和流程集成程度，辅以不同的 BIM 技术兼容程度，从而刻画了不同的 BIM 情境。本研究对 BIM 情境的定义为：建设项目采用 BIM 对项目信息流进行管理的过程，具体表现为 BIM 在建设项目中的实施范围、实施阶段及参与组织，BIM 实施所需的相应能力（组织集成程度、流程集成程度及技术兼容程度）和所产生的依赖关系。

在 BIM 情境的定义中，包含了本研究的变量，即 BIM 应用范围、BIM 应用阶段、BIM 应用组织、BIM 应用技术、组织集成程度、流程集成程度以及技术兼容程度。BIM 应用范围、BIM 应用阶段、BIM 应用技术和 BIM 应用组织是构成 BIM 情境的基本要素，而组织集成程度和流程集成程度是基于构成要素产生的动态变化过程。因此，构建 BIM 情境模型时，以 BIM 组织集成程度、流程集成程度及技术兼容程度作为三大主要的维度，划分为八类 BIM 情境，如图 3.1 所示。

（1）单一组织单一阶段低技术兼容度 BIM 应用。建设项目某个参与方内部的 BIM 应用，且不同专业使用兼容度差的不同 BIM 软件或只有某些专业使用了 BIM 软件，例如：设计方使用建筑 BIM 模型用来进行内部设计协调和优化，而其他专业不使用 BIM 软件建模。

（2）单一组织单一阶段高技术兼容度 BIM 应用。建设项目某个参与方内部的 BIM 应用，且不同专业使用兼容度高的 BIM 软件（如同一品牌 BIM 软件系列），例如：设计方 BIM 只是用来进行内部设计协调和优化。

（3）单一组织跨阶段低技术兼容度 BIM 应用。建设项目某个参与方对项目全寿命周期进行 BIM 的应用，但不同专业或不同阶段使用兼容度差的不同 BIM 软件或只有某些专业使用了 BIM 软件，例如：BIM 咨询方收集项目各个阶段的信息进行 BIM 的应用，设计阶段将设计方的模型（或图纸）进行模型更新（或模型化），将施工阶段信息在模型中进行集成，最终考虑运营要求，对模型进行维护与更新，但在不同阶段使用了不同的建模工具软件。

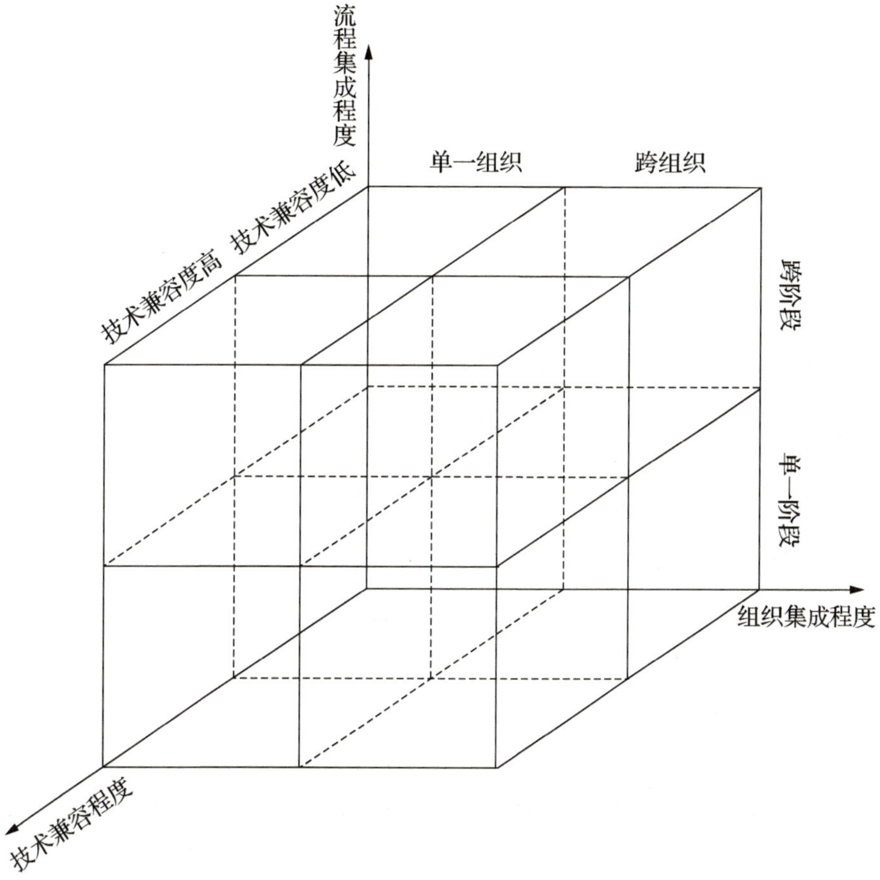

图 3.1　BIM 情境划分

（4）单一组织跨阶段高技术兼容度 BIM 应用。建设项目某个参与方对项目全寿命周期进行 BIM 的应用，且不同专业及不同阶段均使用兼容度高的 BIM 软件（如同一品牌 BIM 软件系列），例如：BIM 咨询方收集项目各个阶段的信息进行 BIM 的应用，设计阶段将设计方的模型（或图纸）进行模型更新（或模型化），将施工阶段信息在模型中进行集成，最终考虑运营要求，对模型进行维护与更新。且使用同一品牌 BIM 软件集成各阶段模型及数据。

（5）跨组织单一阶段低技术兼容度 BIM 应用。建设项目某一阶段的部分参与方间基于模型进行项目信息共享与协助，但不同组织、不同专业使用兼容度差的不同 BIM 软件或只有某些专业使用了 BIM 软件，例如：施工阶段总承包方与分包商进行设计深化，创建 BIM 模型，总承包方集成各分包商的模型（或信息），基于模型进行施工安排和指导，但各分包单位的 BIM 软件与总承包方的 BIM 软件不完全兼容，信息传递过程中出现信息损失。

（6）跨组织单一阶段高技术兼容度 BIM 应用。建设项目某一阶段的部分参与方间基于模型进行项目信息共享与协助，且不同组织、不同专业均使用兼容度高的 BIM 软件（如同一品牌 BIM 软件系列）。例如：施工阶段总承包方与分包商均使用同一品牌 BIM 软件进行设计深化，创建 BIM 模型，总承包方集成各分包商的模型（或信息），并基于模型进行施工安排和指导。

（7）跨组织跨阶段低技术兼容度 BIM 应用。建设项目各个参与方基于 BIM 模型进行项目信息共享和协作，但在不同组织、不同阶段或不同专业间使用兼容度差的不同的 BIM 软件建模，存在可能产生信息冲突的多个 BIM 模型。例如：设计方的交付物由 BIM 模型代替 2D 图纸，总承包方接收设计方的 BIM 模型进行施工安排和指导，并在设计模型的基础上进行信息的维护与更新，最终模型可用于竣工阶段，但总承包方使用的 BIM 软件与设计方不同，模型转换过程中出现信息损失。

（8）跨组织跨阶段高技术兼容度 BIM 应用。建设项目各个参与方基于 BIM 模型进行项目信息共享和协作，且不同组织、不同专业及不同阶段均使用兼容度高的 BIM 软件（如同一品牌 BIM 软件系列），例如：设计方的交付物由 BIM 模型代替 2D 图纸，总承包方接收设计方的 BIM 模型进行施工安排和指导，并在设计模型的基础上进行信息的维护与更新，最终模型可用于竣工阶段，各参与方均使用同一品牌 BIM 软件，BIM 模型完全共享。

3.1.2　跨组织关系

BIM 情境下，建设项目各参与方间的关系或多或少都会反映在 BIM 应用过程中，同时，BIM 情境也受建设项目各参与方间的关系的影响。Taylor（2007）调查分析了 13 家设计企业及 13 家施工企业的 BIM 技术的应用问题，结果表明，BIM 这一跨组织性技术会对原有项目组织模式造成较大影响，其成功的采纳和实施需要妥善处理好项目组织中相关责权利问题。Dulaimi（2003）对建设项目创新采纳的动机及与创新相关的组织间交互作用进行了调查研究，识别了目标激励、参与方承诺等因素对创新应用动机的影响。在供应链跨组织创新与跨组织关系的研究者中，D'cruz 等（1994）提出互利的伙伴关系有利于网络型组织的良好运作，例如信赖与承诺、关系稳定性、关系持久性等方面。

本研究的跨组织关系，即建设项目跨组织关系，是指建设项目中的主要项目参与方之间的关系，例如业主、设计方、总承包方和咨询单位之间的关系，在某些项目中也可能是业主企业内的设计、施工和运营部门等形成的垂直整合的层级关系。这有别于供应链中的跨组织关系，供应链伙伴关系是一种长期关系，但建设项目跨组织关系受制于建筑项目临时性和一次性的特征，以及我国建筑招投标法的规定，建设项目各参与方间难以形成稳定的长期关系。

基于上述考虑，本研究的跨组织关系从 Williamson（1975）的交易成本理论出发，将跨组织关系分为正式关系和非正式关系，其中，正式关系从外部化（即正式的合同关系）和内部化（即层级关系）考虑，非正式关系则从信任与市场地位两个方面考虑。同时，本书对跨组织关系研究在于建设项目关键参与方之间的关系，即业主、设计方和总承包方。

3.1.3 项目整体绩效

BIM 情境下，从单一组织的 BIM 应用演变到跨组织跨阶段的 BIM 应用，不是简单的线性过程，其追求“1+1>2”的效果，集成化项目交付（IPD）是其最终的目标（Succar，2009），即不仅仅是要考虑传统的建设项目绩效，还要考虑 BIM 给各参与方带来的绩效以及在合作过程中风险共担、利益共享所带来的绩效。Mooney（1996）提出信息化会对工业界带来自动化效用（Automational Effort）、信息化效用（Informational Effort）以及变革效用（Transformational Effort）。BIM 作为建设项目全寿命周期管理的重要手段和方法，其为建设项目带来的绩效也是不可忽视的。

基于上述考虑，本研究提出的项目整体绩效是由 BIM 效用、项目过程绩效和项目结果绩效三个视角构建项目整体绩效评估指标。BIM 效用包括 BIM 应用过程中，各项目参与方的自动化效用、信息化效用和变革效用。项目过程绩效是指从概念设计到移交给业主的项目过程，目标是提高作业过程效率和管理过程效率，包括传统项目绩效测量中的成本与进度。项目结果绩效与满足或超过项目预期目标有关，包括传统项目质量、满意度和创新。

3.2 关键因素分析

2011 年作者所在的研究团队对国内的 BIM 应用进行了调研，针对国内 10 个承发包模式为设计-招标-施工（DBB）的建设项目研究发现（详见表 2-2），2008—2011 年间，我国 BIM 在大型城市建设项目上的应用呈现出以下特点：①国内对 BIM 的认知以设计阶段和施工阶段的单一功能点应用为主，且处于观望状态；②设计方的 BIM 尝试快于建设项目其他参与方，并以此获得更多竞争优势，例如上海现代建筑设计（集团）有限公司和 CCDI 悉地国际凭借 BIM 获得更多的业务份额；③当前仍以 2D 的设计为主流，部分设计方采用 2D 设计和 3D 建模的并行模式，BIM 应用以检查设计的错漏碰缺和提高交付给业主的图纸质量为主要目的，这期间 BIM 应用有从单一设计阶段向施工及运营管理阶段发展的趋势，但在这一过程中，还存在诸多障碍；④专业人员需要较长的学习时间接受并熟练应用 BIM 模型；⑤各相关专业 BIM 软件间接口不兼容；⑥当前的承发包模式下合同、组织间关系不利于集成化的 BIM 应用；⑦BIM 应用障碍方面，除了 BIM 技术不成熟外，建筑业粗放的管理模式、组织和过程的割裂以及 BIM 情境下责权利不清晰限制了 BIM 潜力的发挥。这一发现进一步说明了本研究的必要性。

针对上述现状，本研究采用文献梳理结合问卷调查筛选的方式确定 BIM 情境与跨组织关系中的关键因素。

3.2.1　数据收集

考虑到本研究的目标是要确定影响 BIM 情境下建设项目跨组织 BIM 应用的关键要素中与 BIM 情境及跨组织关系相关的要素，故选定了阻碍 BIM 扩散的因素作为测量题项，结合 BIM 情境及跨组织关系相关文献的研究成果，梳理了阻碍 BIM 应用的因素，并通过小组讨论和组内预测修订后，最终确定 26 个因素作为问卷设计的最终测量题项，如表 3-1 所示。

表 3-1　BIM 情境及跨组织关系关键因素测量题项

编码	测量题项	参考文献
X1	各参与方缺乏 BIM 相关的软硬件	AGC，2006；Eastman et al.，2011；Young，2008；Watson，2011
X2	设计方 BIM 应用经验不足	Kunz et al.，2007；Eastman et al.，2011；Kang et al.，2012
X3	总承包方 BIM 应用经验不足	
X4	项目各参与方 BIM 认知程度低	

续表

编码	测量题项	参考文献
X5	合同中缺乏经济激励或奖励条款来推动 BIM 应用	2010；Kang et al.，2012
X6	项目各参与方缺乏有效的沟通协调渠道	Kunz et al.，2007；樊宏钦等，2010
X7	各参与方建立各自的 BIM 模型	Kunz et al.，2007
X8	参与方高层领导支持度低	AGC，2006；Young，2008；Aranda-Mena，et al.，2009
X9	项目各参与方缺乏推动 BIM 的团队	AGC，2006
X10	各参与方基于现有合同模式，没有改变项目原有的组织间割裂的关系	Howell et al.，2005；Eastman et al.，2011；Gao et al.，2008；Wong et al.，2010；Thompson et al.，2007；Aranda-Mena et al.，2009；樊宏钦等，2010；Watson，2011
X11	合同中对各方 BIM 应用的责权利不明晰，工作职责没有改变	Howell et al.，2005；Hartman et al.，2008；Gao et al.，2008；Sebastian et al.，2010；Wong et al.，2010；Aranda-Mena et al.，2009；张建新，2010
X12	缺乏相应的 BIM 培训	Howell et al.，2005；AGC，2006；McGraw-Hill Construction，2008；Kunz et al.，2005；
X13	设计方缺乏施工阶段的经验和知识体系，导致设计阶段模型后续利用率低	Howell et al.，2005；Kunz et al.，2007；Hartman et al.，2008；Sebastian et al.，2010；Thompson et al.，2007；Aranda-Mena et al.，2009；樊宏钦等，2010；张建新，2010
X14	合同中缺乏条款促进利益共享和风险共担机制的建立	Howell et al.，2005；Kunz et al.，2007；Hartman et al.，2008；Sebastian et al.，2010；Thompson et al.，2007；Aranda-Mena et al.，2009；樊宏钦等，2010；张建新，2010
X15	合同中缺乏对用于模型协作的模型精度要求	Hartman et al.，2008；Kang et al.，2012
X16	合同中缺乏 BIM 应用评估机制	Howell et al.，2005；Kunz et al.，2007；Hartman et al.，2008；Young，2008；Sebastian et al.，2010；樊宏钦等，2010

续表

编码	测量题项	参考文献
X17	设计阶段与施工阶段仍然是割裂的流程	Sebastian et al.，2010
X18	项目后续参与方(总承包方、分包方、运营方)提早介入设计阶段的可能性小	Eastman et al.，2011；Kang et al.，2012；Watson，2011
X19	设计方的设计团队与 BIM 团队工作流程平行	
X20	总承包方的管理团队与 BIM 团队工作流程平行	
X21	项目各参与方市场地位不对等，沟通不顺畅	Kunz et al.，2007；樊宏钦等，2010
X22	项目各参与方不共享各自的模型	Kunz et al.，2007；Kunz et al.，2007
X23	项目各参与方对 BIM 应用目标的理解不一致	Kunz et al.，2007；Hartman et al.，2008；Kent et al.，2010；O'Connor，2007；Kang et al.，2012
X24	缺乏相关的法律法规支持 BIM 成果作为项目各环节依据的合法性	Hartman et al.，2008；Eastman et al.，2011；Aranda-Mena et al.，2009；O'Connor，2007；张建新，2010；Kang et al.，2012
X25	缺乏行业规范、标准促进 BIM 信息在不同阶段和不同参与方间进行共享和使用	Kunz et al.，2007；Sebastian et al.，2010；张建新，2010
X26	各软件间信息交换过程中信息丢失严重	Howell et al.，2005；Hartman et al.，2008；Young，2008；樊宏钦等，2010

调研问卷中的所有测量题项都采用 Likert 5 点量表（Likert 5-point Scale）进行度量。这种基于被访者的态度量表因其简明、易答而被广泛采用，调查问卷的主观问题均用“非常不同意”“不同意”“中立”“同意”和“非常同意”作为可能的回答，用 1～5 分分别给这些答案计分，非常不同意为 1 分，非常同意为 5 分，中立则为 3 分［详见附录 A 调查问卷（一）］。

研究团队选取调研对象的原则是：①具有 BIM 应用经验的人员。

②具有项目设计或施工或工程管理经验的人员。因此作者所在的研究团队将调研对象定向在上海的大型建筑业企业，包括：业主、设计方、总承包方及 BIM 咨询方。考虑到 BIM 在中国发展的现状，BIM 咨询方在 BIM 应用中起了较大作用，虽然本研究中的跨组织关系仅限于业主、设计方和总承包方间的联结，暂不涉及咨询方。将这类企业的人员列入调研对象，是为了更准确地识别关键因素。基于此，研究团队选取了 2011 年调研的单位 BIM 相关人员进行了小样本预调研，目的是甄别 BIM 情境和跨组织关系中的主要因素及其有效性，并在有效指标中进行因子分析之后采用模糊集理论进一步明确所确定的因子为 BIM 情境和跨组织关系的关键因素。

本次调研向业主、设计方、总承包方及 BIM 咨询方共发放调研问卷 100 份，回收问卷 75 份。在回收的问卷中，针对被调查对象的职业和 BIM 经验进行筛选。对于应用 BIM 小于两年，或者缺乏建设项目管理经验的两种情况的反馈作为无效问卷。最终有效问卷为 57 份，有效问卷回收率为 57%，有效问卷来源于业主 13 份、设计方 17 份、总承包方 19 份及 BIM 咨询方 8 份，如表 3-2 所示。

表 3-2　问卷调查（一）问卷发放及收回情况

序号	调查对象	类型	发放问卷数（份）	回收问卷数（份）	有效问卷数（份）
1	上海中心大厦建设发展有限公司	业主	5	4	4
2	迪士尼幻想工程公司	业主	5	5	5
3	上海真如城市副中心开发建设投资有限公司	业主	5	4	4
4	Gensler	设计方	5	5	4
5	同济大学建筑设计研究院(集团)有限公司	设计方	15	10	7
6	上海现代建筑设计(集团)有限公司	设计方	15	9	6
7	中国建筑一局（集团）有限公司	总承包方	10	8	8
8	中国建筑八局（集团）有限公司	总承包方	10	8	6

续表

序号	调查对象	类型	发放问卷数（份）	回收问卷数（份）	有效问卷数（份）
9	上海建工集团股份有限公司	总承包方	10	7	5
10	CCDI 悉地国际	BIM 咨询方	6	4	2
11	上海建科工程咨询有限公司	BIM 咨询方	8	6	3
12	上海现代工程咨询有限公司	BIM 咨询方	6	5	3
合计			100	75	57

3.2.2　可靠性分析

1．因子分析

因子分析通过研究众多变量之间的内部依赖关系，探求观测数据中的基本结构。通过对收集到的数据进行 Kaiser-Meyer-Olkin（KMO）测度和 Bartlett 球形度检验，结果如表 3-3 所示。

表 3-3　KMO 测度和 Bartlett 球形度检验

取样足够的 KMO 测度		0.610
Bartlett 球形度检验	近似卡方	715.269
	自由度（df）	325
	显著程度（sig）	0.000

KMO 及 Bartlett 球形度检验是测量指标是否适合进行因子分析的判断指标。一般 KMO>0.5，Bartlet 检验的 sig<0.05，适合做因子分析。本研究 KMO=0.610，Barlett 检验的 sig<0.05，表明适合做因子分析。

在因子分析过程中，发现编号为 X4、X5、X16、X17、X24 的公因子方差<0.5，故剔除这五项后重新进行因子分析，重新得到旋转成分矩阵。旋转成分矩阵的数据提取方法采用主成分分析法，用来将因素间的潜在关联降到最低。因此，最初的 26 项影响因素最终得到 21 项可用的因素进行因子分析。通过 SPSS16.0 从具有共同测量

特性的题项中提取公共因子，结合与研究团队的讨论，本研究提取了 7 组公共因子，根据前述 BIM 情境和跨组织关系的定义以及与研究团队的共同讨论，可以将 7 组因子分别以 BIM 应用组织、组织集成程度、流程集成程度、BIM 技术兼容程度、合同关系、信任及市场地位以及 BIM 投入进行命名，这 7 类因素的累计解释方差为 72.94%。同时，采用最大方差旋转法得到的结果也较为理想。因此，因子分析的结果是可接受的，如表 3-4 所示。

表 3-4 旋转成分矩阵

编码	测量题项	因素荷载	方差解释（%）
	因素一：BIM 应用组织		9.819
X2	设计方 BIM 应用经验不足	0.924	
X3	总承包方 BIM 应用经验不足	0.778	
	因素二：组织集成程度		13.194
X9	项目各参与方缺乏推动 BIM 的团队	0.825	
X8	参与方高层领导支持度低	0.714	
X7	各参与方建立各自的 BIM 模型	0.696	
X6	项目各参与方缺乏有效的沟通协调渠道	0.613	
X13	设计方缺乏施工阶段的经验和知识体系，导致设计阶段模型后续利用率低	0.55	
	因素三：流程集成程度		10.072
X19	设计方的设计团队与 BIM 团队工作流程平行	0.800	
X20	总承包方的管理团队与 BIM 团队工作流程平行	0.681	
X18	项目后续参与方（总承包方、分包方、运营方）提早介入设计阶段的可能性小	0.642	
	因素四：BIM 技术兼容程度		9.363
X26	各软件间信息交换过程中信息丢失严重	0.81	
X25	缺乏行业规范、标准促进 BIM 信息在不同阶段和不同参与方间进行共享和使用	0.795	

续表

编码	测量题项	因素荷载	方差解释（%）
因素五：合同关系			13.237
X15	合同中缺乏对用于模型协作的模型精度进行要求	0.814	
X14	合同中缺乏条款促进利益共享和风险共担机制的建立	0.808	
X10	各参与方基于现有合同模式，没有改变项目原有的组织间割裂的关系	0.644	
X11	合同中对各方 BIM 应用的责权利不明晰，工作职责没有改变	0.619	
因素六：信任及市场地位			9.708
X22	项目各参与方不共享各自的模型	0.756	
X23	项目各参与方对 BIM 应用目标的理解不一致	0.754	
X21	项目各参与方市场地位不对等，沟通不顺畅	0.583	
因素七：BIM 投入			7.548
X1	各参与方缺乏 BIM 相关的软硬件	0.855	
X12	缺乏相应的 BIM 培训	0.597	

2. 信度分析

基于李克特（Likert）量表，常用的信度分析方法为克朗巴赫系数法（Cronbach's α）及折半信度法（Split-half Reliability）（吴明隆，2000）。研究者们常用 Cronbach's α系数检验测量题项的内部一致性信度，删除信度较低的题项。吴明隆（2010）指出 Cronbach's $\alpha>0.6$，表示量表信度可接受，若 Cronbach's $\alpha>0.7$，表示具有较高信度。本研究采用 0.7 作为判断依据。

经检验变量总体的信度 Cronbach's α系数为 0.810，通过内部一致性检验，说明本研究所使用量表具有很好的信度。除了 X1 和 X12 所在组（因素七）BIM 投入的 Cronbach's α系数为 $0.5<0.7$，其他变量组的 Cronbach's α系数均大于 0.7，说明 X1 和 X12 与其他测量题

项的内在一致性不高，而其他的测量题项的内在一致性较高，如表3-5 所示。综上，信度分析结果表明 BIM 投入虽然是影响 BIM 情境的因素，但不属于 BIM 情境或跨组织关系中的因素，因此，在界定BIM 情境或跨组织关系的因素中均不包括 BIM 投入。

表 3-5　被测因素的 Cronbach's α系数表

<table>
<tr><th>因素</th><th>测量题项</th><th colspan="3">Cronbach's α系数</th></tr>
<tr><td rowspan="2">BIM 应用组织</td><td>设计方 BIM 应用经验不足</td><td>0.82</td><td rowspan="2">0.82</td><td rowspan="11">0.810</td></tr>
<tr><td>总承包方 BIM 应用经验不足</td><td>0.82</td></tr>
<tr><td rowspan="5">组织集成程度</td><td>项目各参与方缺乏有效的沟通协调渠道</td><td>0.81</td><td rowspan="5">0.76</td></tr>
<tr><td>各参与方建立各自的 BIM 模型</td><td>0.80</td></tr>
<tr><td>参与方高层领导支持度低</td><td>0.80</td></tr>
<tr><td>项目各参与方缺乏推动 BIM 的团队</td><td>0.80</td></tr>
<tr><td>设计方缺乏施工阶段的经验和知识体系，导致设计阶段模型后续利用率低</td><td>0.80</td></tr>
<tr><td rowspan="3">流程集成程度</td><td>设计方的设计团队与 BIM 团队工作流程平行</td><td>0.80</td><td rowspan="3">0.70</td></tr>
<tr><td>总承包方的管理团队与 BIM 团队工作流程平行</td><td>0.80</td></tr>
<tr><td>项目后续参与方（总承包方、分包方、运营方）提早介入设计阶段的可能性小</td><td>0.80</td></tr>
<tr><td rowspan="2">BIM 技术兼容程度</td><td>缺乏行业规范、标准促进 BIM 信息在不同阶段和不同参与方间进行共享和使用</td><td>0.80</td><td rowspan="2">0.76</td></tr>
<tr><td>各软件间信息交换过程中信息丢失严重</td><td>0.80</td></tr>
<tr><td rowspan="4">合同关系</td><td>各参与方基于现有合同模式，没有改变项目原有的组织间割裂的关系</td><td>0.80</td><td rowspan="4">0.79</td><td rowspan="4"></td></tr>
<tr><td>合同中对各方 BIM 应用的责权利不明晰，工作职责没有改变</td><td>0.79</td></tr>
<tr><td>合同中缺乏条款促进利益共享和风险共担机制的建立</td><td>0.80</td></tr>
<tr><td>合同中缺乏对用于模型协作的模型精度进行要求</td><td>0.79</td></tr>
</table>

续表

因素	测量题项	Cronbach's α系数		
信任及市场地位	项目各参与方市场地位不对等，沟通不顺畅	0.82	0.76	
	项目各参与方不共享各自的模型	0.81		
	项目各参与方对 BIM 应用目标的理解不一致	0.81		
BIM 投入	各参与方缺乏 BIM 相关的软硬件	0.82	0.50	
	缺乏相应的 BIM 培训	0.80		

3.2.3 基于模糊理论的分析

本书根据 Zadeh（1965）提出的模糊集合理论，利用模糊理论和概率理论对可靠性分析后的结果进一步分析，识别 BIM 情境和跨组织关系中的关键因素。

集合 $X=\{x_1,x_2,\cdots,x_n\}$，则 X 的模糊集 A 可表示为

$$A=\sum_{i=1}^{n}\mu_A(x_i)/x_i=\mu_A(x_1)/x_1+\mu_A(x_2)/x_2+\cdots+\mu_A(x_n)/x_n \tag{3.1}$$

公式（3.1）中，x_i 为表 3-5 中有效的被测因素，也即（$i\neq1$，4，5，12，16，17，24）：n 为被测因素的总数，也即，$n=19$；$\mu_A(x_i)/x_i$ 代表 x_i 属于模糊集 A 的程度为 $\mu_A(x_i)$，该数值在[0，1]区间取值，$\mu_A(x_i)=1$ 表明 x_i 完全属于模糊集 A，$\mu_A(x_i)=0$ 表明 x_i 完全不属于模糊集 A。

考虑到调研对象对各个被测因素的重要性打分的情况属于正态分布，本研究采用计算 Z 值将一般正态分布转换为标准正态分布，通过 Z 值来计算 $\mu_A(x_i)$ 以确定是否属于模糊集 A。Z 值是以平均数为参照点，以标准差为单位的描述原始数据在总体中相对位置的量数。本调研问卷采用五分法对被测因素的重要性进行打分，1 表示非常不同意，3 表示中立，5 表示非常同意，也即取值 3 分为参照点，当均值大于 3 分，表明该因素的重要程度高；而均值小于 3 分，说明其

重要程度低。则

$$Z = (x - \mu) / \sigma = (\text{Mean} - 3) / \text{SD} \tag{3.2}$$

标准正态分布表是根据标准正态分布中随机变量与其概率的对应关系绘制的，表中数值是变量值 X 所对应的分布函数 $\Phi(x)$ 的数值表，则

$$\mu_A(x_i) = \int_3^{\infty} \Phi(x)\mathrm{d}x = p \tag{3.3}$$

p 为 Z 值对应标准正态分布表的数值，若 Z 值为负值时，则

$$\mu_A(x_i) = 1 - p \tag{3.4}$$

本调研数据来源于业主、设计方、总承包方和 BIM 咨询方，模糊集 A 按照调研对象的属性分为四个子模糊集，分别由 A_O, A_D, A_C 和 A_S 表示，根据模糊理论的模糊集合运算规则，则

$$A_O \cup A_D \cup A_C \cup A_S = \{x, \mu_{A_O} \cup \mu_{A_D} \cup \mu_{A_C} \cup \mu_{A_S}(x) | x \in X\} \tag{3.5}$$

且

$$\mu_{A_O} \cup \mu_{A_D} \cup \mu_{A_C} \cup \mu_{A_S}(x) = \min\left\{1, \left[\mu_{A_O}(x)^n \cup \mu_{A_D}(x)^n \cup \mu_{A_C}(x)^n \cup \mu_{A_S}(x)^n\right]^{1/n}\right\}, n \geqslant 1 \tag{3.6}$$

本研究中，n 为被测因素的总数，也即 n=19。

通过对调研问卷收集的数据进行统计分析，按照调研对象的属性分别计算被测因素打分的均值和标准差，如表 3-6 所示。再根据公式（3.2）、公式（3.3）和公式（3.4），计算出各被测因素对应的 Z 值和 $\mu_A(x_i)$ 值，如表 3-7 所示。

表 3-6　调研数据的均值与标准差

编号	总体（*N*=57）		业主（*N*=13）		设计方（*N*=17）		总承包方（*N*=19）		BIM 咨询方（*N*=8）	
	均值	标准差	均值	标准差	均值	标准差	均值	标准差	均值	标准差
X2	3.42	1.19	3.85	1.28	3.29	0.92	3.32	1.42	3.25	1.04
X3	3.74	1.06	4.15	0.99	3.59	0.94	3.74	1.24	3.38	0.92
X6	3.14	0.85	3.23	0.83	3.35	0.61	3.00	1.05	2.88	0.83

续表

编号	总体（N=57）		业主（N=13）		设计方（N=17）		总承包方（N=19）		BIM 咨询方（N=8）	
	均值	标准差	均值	标准差	均值	标准差	均值	标准差	均值	标准差
X7	3.77	0.85	3.77	0.73	3.65	0.79	4.00	0.94	3.50	0.93
X8	3.77	0.96	3.77	1.09	3.47	0.87	4.16	0.90	3.50	0.93
X9	3.74	0.67	3.62	0.51	3.76	0.56	3.95	0.71	3.38	0.92
X10	3.82	0.97	4.00	1.00	4.18	0.81	3.58	1.07	3.38	0.74
X11	3.70	0.89	3.62	0.96	3.94	0.56	3.68	1.00	3.38	1.06
X13	4.21	0.75	4.38	0.65	4.29	0.59	4.32	0.67	3.50	1.07
X14	3.49	0.98	3.69	0.85	4.12	0.70	3.11	0.94	2.75	1.04
X15	4.00	1.02	4.23	0.83	4.47	0.72	3.79	0.98	3.13	1.36
X18	4.02	0.83	3.92	1.04	4.06	0.75	4.26	0.73	3.50	0.76
X19	3.47	0.68	3.46	0.78	3.47	0.72	3.58	0.69	3.25	0.46
X20	4.04	0.71	4.08	0.64	3.94	0.83	4.16	0.76	3.88	0.35
X21	3.96	1.05	3.92	1.19	4.06	1.09	4.00	1.00	3.75	1.04
X22	2.93	0.90	2.77	1.09	2.94	0.66	2.89	0.94	3.25	1.04
X23	3.21	0.98	3.00	1.08	3.24	1.15	3.32	0.82	3.25	0.89
X25	4.00	0.71	4.00	0.71	4.18	0.64	4.16	0.69	3.25	0.46
X26	4.00	0.89	3.92	1.19	4.00	0.87	4.26	0.73	3.50	0.53

表 3-7　被测因素对不同模糊集的归属度

编号	业主		设计方		总承包方		BIM 咨询方		总体
	Z_O	$\mu_{A_O}(x_i)$	Z_D	$\mu_{A_D}(x_i)$	Z_C	$\mu_{A_C}(x_i)$	Z_S	$\mu_{A_S}(x_i)$	$\mu_A(x_i)$
X2	0.66	0.75	0.32	0.63	0.22	0.59	0.24	0.60	0.75
X3	1.17	0.88	0.63	0.73	0.59	0.72	0.41	0.66	0.88
X6	0.28	0.61	0.58	0.72	0.00	0.50	−0.15	0.44	0.72
X7	1.06	0.86	0.82	0.79	1.06	0.86	0.54	0.71	0.90
X8	0.70	0.76	0.54	0.70	1.29	0.90	0.54	0.71	0.90
X9	1.22	0.89	1.36	0.91	1.34	0.91	0.41	0.66	0.96
X10	1.00	0.84	1.45	0.93	0.54	0.71	0.50	0.69	0.94
X11	0.64	0.74	1.69	0.95	0.68	0.75	0.35	0.64	0.95
X13	2.13	0.98	2.20	0.99	1.96	0.98	0.47	0.68	1.00
X14	0.81	0.79	1.60	0.95	0.11	0.54	−0.24	0.40	0.95

续表

编号	业主		设计方		总承包方		BIM 咨询方		总体
	Z_O	$\mu_{A_O}(x_i)$	Z_D	$\mu_{A_D}(x_i)$	Z_C	$\mu_{A_C}(x_i)$	Z_S	$\mu_{A_S}(x_i)$	$\mu_A(x_i)$
X15	1.48	0.93	2.05	0.98	0.81	0.79	0.09	0.54	1.00
X18	0.89	0.81	1.42	0.92	1.72	0.96	0.66	0.75	0.98
X19	0.59	0.72	0.66	0.74	0.84	0.80	0.54	0.71	0.82
X20	1.68	0.95	1.14	0.87	1.51	0.94	2.47	0.99	1.00
X21	0.78	0.78	0.97	0.83	1.00	0.84	0.72	0.77	0.88
X22	−0.21	0.42	−0.09	0.46	−0.11	0.46	0.24	0.60	0.60*
X23	0.00	0.50	0.21	0.58	0.39	0.65	0.28	0.61	0.66
X25	1.41	0.92	1.85	0.97	1.68	0.95	0.54	0.71	1.00
X26	0.78	0.78	1.15	0.88	1.72	0.96	0.94	0.83	0.97

*归属度小于 0.65 的值

根据模糊理论，$\mu_A(x_i)=1$ 表明 x_i 完全属于模糊集 A，$\mu_A(x_i)=0$ 表明 x_i 完全不属于模糊集 A，也即 $\mu_A(x_i)=1$ 时，能明确确定该被测因素为关键因素。在前人的研究成果中，Tervonen（2009）指出，一般对于 $\mu_A(x_i)$ 的下限在 0.65～0.85 之间就能说明被测因素是关键因素。因此，依据 Tervonen 的 $\mu_A(x_i)$ 下限取值范围，本研究最终确定的关键因素如表 3-8 所示。

表 3-8　BIM 情境和跨组织关系的关键因素

编码	被测因素	归属度
	A. BIM 情境	
	A1. BIM 应用组织	
X2	设计方 BIM 应用经验不足	0.75
X3	总承包方 BIM 应用经验不足	0.88
	A2. 组织集成程度	
X13	设计方缺乏施工阶段的经验和知识体系，导致设计阶段模型后续利用率低	1.00
X9	项目各参与方缺乏推动 BIM 的团队	0.96
X7	各参与方建立各自的 BIM 模型	0.90
X8	参与方高层领导支持度低	0.90
X6	项目各参与方缺乏有效的沟通协调渠道	0.72

续表

编码	被测因素	归属度
	A3. 流程集成程度	
X20	总承包方的管理团队与 BIM 团队工作流程平行	1.00
X18	项目后续参与方（总承包方、分包方、运营方）提早介入设计阶段的可能性小	0.98
X19	设计方的设计团队与 BIM 团队工作流程平行	0.80
	A4. BIM 技术兼容程度	
X25	缺乏行业规范、标准促进 BIM 信息在不同阶段和不同参与方间进行共享和使用	1.00
X26	各软件间信息交换过程中信息丢失严重	0.97
	B. 跨组织关系	
	B1. 合同关系	
X15	合同中缺乏对用于模型协作的模型精度进行要求	1.00
X11	合同中对各方 BIM 应用的责权利不明晰，工作职责没有改变	0.95
X14	合同中缺乏条款促进利益共享和风险共担机制的建立	0.95
X10	各参与方基于现有合同模式，没有改变项目原有的组织间割裂的关系	0.94
	B2. 信任及市场地位	
X21	项目各参与方市场地位不对等，沟通不顺畅	0.88
X23	项目各参与方对 BIM 应用目标的理解不一致	0.66

3.2.4　分析结果

57 份有效调研问卷的数据通过因子分析将相关的因素进行聚类，并通过模糊理论进一步分析，最终识别六大类关键影响因素，即 BIM 情境关键因素为 BIM 应用组织、组织集成程度、流程集成程度和技术兼容程度，跨组织关系关键因素为合同关系、信任及市场地位。结合 BIM 情境和跨组织关系的概念，现有文献已有充分研究指出基本 BIM 情境要素为项目应用 BIM 的基本信息，是本研究建立相互比较的基础边界条件，即 BIM 应用范围、BIM 应用阶段、BIM 应用技术和 BIM 应用组织是构成 BIM 情境的基本要素。集成程度和技术兼容程度等因素是基本要素的属性。而由于本研究是在探索BIM 情境与跨组织关系的相互作用机理，BIM 应用组织与跨组织关系有着紧密联系，故考虑在因子分析中对 BIM 应用组织进行提取。同时，考虑到研究的完整性和严谨性，不能忽略 BIM 情境的基本要素。因此，本研究最终识别出阻碍 BIM 扩散的因素中与 BIM 情境和跨组织关系相关的关键要素有：BIM 应用范围、BIM 应用阶段、BIM 应用组织、BIM 应用软件、BIM 能力的组织集成程度、BIM 能力的流程集成程度、BIM 能力的技术兼容程度、合同关系和信任及市场地位。

研究结果表明，在 BIM 情境中，BIM 应用组织的 BIM 经验不足对 BIM 应用效果产生负影响，这与 BIM 在中国建筑业的发展历程相吻合。在反映组织集成程度的被测因素中，项目设计方与总承包方在组织上的割裂仍然存在，并且缺乏推动 BIM 应用的团队，这也对 BIM 应用效果产生负影响。同样，项目设计方与总承包方以及各专业团队与BIM团队在流程上的割裂也表明会对BIM应用效果产生负影响。从 BIM 技术兼容程度来看，BIM 软件间的数据不兼容，以及缺乏标准也会对 BIM 应用产生负影响。而在跨组织关系中，合同中缺乏对基于模型协作的精度要求、各参与方的责权利不清晰、缺乏利益共享机制以及割裂的合同关系和参与方市场地位的不对等均会对 BIM 应用效果产生负影响。上述研究结果表明 BIM 情境与跨组织关系对 BIM 应用效果均会产生影响。

本研究从较易感知的阻碍 BIM 扩散的因素角度出发，识别影响BIM 扩散的因素中与 BIM 情境和跨组织关系相关的关键因素，结合BIM 情境和跨组织关系的概念，从阻碍 BIM 扩散的角度，初步识别了跨组织关系中的关键因素对 BIM 应用效果的作用方式，以及 BIM情境中的关键因素对 BIM 应用效果的作用方式，这对本研究进一步探索 BIM 情境与跨组织关系的相互作用方式提供了有益的启示，例如：项目各参与方按照合同履行自身的义务，关注自身的利益，当有跨组织界面的工作时，各参与方仍然各自为政，难以进行跨组织跨阶段的 BIM 应用。结合 BIM 情境的概念，组织集成程度和流程集成程度是 BIM 情境动态演化的核心要素，而跨组织关系是项目各参与方通过项目活动和资源建立的联结，也必然会对组织集成程度和流程集成程度产生作用。

第 4 章

理论模型架构及理论假设

4.1 BIM 情境与跨组织关系的关联预研究

第 3 章确定的关键因素，即本研究的变量，将作为识别 BIM 情境和跨组织关系两大主要因素的相互作用方式的基础。接下来，本研究将在关键因素分析的基础上对与这些关键因素相关的测量指标进行梳理，并通过对建设项目主要参与方进行问卷调查的方式获得相关数据，用来发现 BIM 情境与跨组织关系的关键因素间的关联关系，为本研究理论框架和理论假设的建立奠定基础。

4.1.1 调查问卷设计

预研究采用封闭式问题，用于设计 BIM 情境和跨组织关系的相关题项。考虑到预研究的基本目的，问卷主要包括四部分内容：①基本信息；②BIM 情境对跨组织关系的作用方式调查；③跨组织关系对 BIM 情境的作用方式调查；④BIM 应用价值的调查。

问卷题项的测度采用 5 级量表，题项重要性程度由“非常重要”“重要”“一般”“不重要”“非常不重要”等 5 级进行测量，题项认同程度由“非常同意”“同意”“中立”“不同意”“非常不同意”等 5

级进行测量。在进行数据分析时，将转换为李克特 5 级量表的形式，“非常重要”为 5 分，“重要”为 4 分，“一般”为 3 分，“不重要”为 2 分，“非常不重要”为 1 分；同样，“非常同意”为 5 分，“同意”为 4 分，“中立”为 3 分，“不同意”为 2 分，“非常不同意”为 1 分。

4.1.2　变量测量

本研究变量测量题项的主要来源为：①经过文献阅读，搜集整理 BIM 情境与跨组织关系关联的测量题项，并直接引用；②依据关键因素分析的结果，发展出符合本次调研用途的测量题项；③对无法直接引用文献中的既有测量题项进行合理修改，发展为测量题项；④根据研究者的理解和概念定义自行发展测量题项，并在导师指导和研究团队的头脑风暴下进行测量题项的完善。

1. BIM 情境对跨组织关系的作用方式的测量

根据第 3 章确定的 BIM 情境的关键要素包括：BIM 应用范围、BIM 应用阶段、BIM 应用组织、BIM 应用技术、BIM 能力的组织集成程度、BIM 能力的流程集成程度及 BIM 能力的技术兼容程度。

（1）BIM 应用范围。

本研究参考美国宾夕法尼亚州立大学的 Computer Integrated Construction Research Program（CICRP）2010 年制定的《BIM 项目实施规划指南》里提出的 BIM 在建设项目全寿命周期中的 25 种主要应用功能作为测量量表的依据，结合国内 BIM 应用现状进行相关调整，最终得到 BIM 应用范围的重要程度测量量表，如附表 E-1 所示。

（2）BIM 应用组织。

由于 BIM 的跨组织性，本研究拟从建设项目的各参与方对 BIM 应用的推动程度来测量项目各参与方参与 BIM 应用的重要程度，最终得到项目参与方参与 BIM 应用对推动 BIM 应用的重要程度测量量表，如附表 E-2 所示。

（3）BIM 能力的组织集成程度。

BIM 具有显著的跨组织性特征，BIM 情境下建设项目的有效执行需要建设项目参与方之间跨组织边界的交流和合作（Harty，2005；Succar，2008；Succar，2009）。本研究结合前述的理论基础，发展出组织集成程度对实现项目各参与方协同工作的重要程度测量量表，如附表 E-3 所示。

（4）BIM 能力的流程集成程度。

Succar（2009）指出 BIM 流程集成程度是反映 BIM 能力的主要因素，其考量的是模型的交付成果与项目各参与方内部及各参与方之间业务流程紧密集成的程度。基于这一概念，本研究发展出流程集成程度对实现项目各参与方协同工作的重要程度测量量表，如附表 E-4 所示。

（5）BIM 能力的技术兼容程度。

从 BIM 的外延可以发现，BIM 技术是由不同软件提供商进行开发，并有着各自的技术标准和体系。在调研过程中发现，部分企业为了打破不同软件间的技术壁垒，对软件间接口进行二次开发。本书依据对前述调研结果中 BIM 技术兼容程度的理解，发展出技术兼容程度对实现项目各参与方协同工作的重要程度测量量表，如附表 E-5 所示。

2. 跨组织关系对 BIM 情境的作用方式的测量

（1）合同关系。

Taylor（2007）提出 BIM 会对项目组织模式造成较大影响，项目组织界面的任务分工及组织结构是其成功实施的基础。王广斌等（2011）建立设计企业与施工企业基于创新应用合作的复制动态博弈模型，提出了业主激励策略对 BIM 成功实施的有效性。本研究对合同关系的测量以上述两位学者的观点为基础，发展出合同关系对 BIM 情境的重要程度测量量表，如附表 E-6 所示。

（2）信任。

信任是难以直接观测的变量。Mayer 等（2005）提出组织的技能或知识是合作方所需要的，能使得合作方获得满意，并可以此进行信任的测量。本研究以 BIM 情境下项目各方的合作情况（包括合作的紧密程度，信息的共享程度）来测量信任对 BIM 情境的重要程度测量量表，如附表 E-7 所示。

（3）市场地位。

市场地位是指组织在一个产业中的角色，或者是组织的产品或服务在其所有渗透区域内的综合市场占有率，或其在产业中的排名次序（Porter，1980）。本研究拟从合作的稳定性来测量市场地位对 BIM 情境的重要程度测量量表，如附表 E-8 所示。

3. BIM 应用价值

Moum 等（2009）、Mow 等（2010）与 Merschbrock（2012a）对 BIM 的商业价值制定了较完整的量表，并通过该量表对美国、欧洲及韩国的 BIM 应用价值进行了测量。本研究结合国内的 BIM 应用情况选择其中 6 个测量题项形成 BIM 应用价值测量量表，如附表 E-9 所示。

综合上述测量量表的设计，最终形成本研究调查问卷（二），详见附录 B。

4.1.3 预研究实施

预研究选取的主要对象仍然是上海地区具有 BIM 应用经验的大型建筑业企业人员，包括业主、设计方、总承包方以及 BIM 咨询方，如表 4-1 所示。

表 4-1　问卷调查（二）　问卷发放及回收情况汇总

序号	调查对象	类型	发放问卷数（份）	回收问卷数（份）	有效问卷数（份）
1	上海中心大厦建设发展有限公司	业主	4	4	3
2	迪士尼幻想工程公司	业主	5	5	5
3	上海真如城市副中心开发建设投资有限公司	业主	5	4	4
4	上海市城市建设投资开发总公司	业主	4	4	3
5	上海竹园工程管理有限公司	业主	3	3	3
6	Gensler	设计方	5	5	4
7	同济大学建筑设计研究院（集团）有限公司	设计方	9	9	7
8	上海现代建筑设计（集团）有限公司	设计方	9	9	6
9	华东建筑设计研究总院	设计方	9	7	5
10	上海城建设计研究院	设计方	8	7	5
11	中国建筑一局（集团）有限公司	总承包方	8	8	6
12	中国建筑三局（集团）有限公司	总承包方	8	8	4
13	中国建筑八局（集团）有限公司	总承包方	9	8	6
14	上海建工集团股份有限公司	总承包方	10	10	9
15	CCDI 悉地国际	BIM 咨询方	6	5	5
16	上海地下空间设计总院	BIM 咨询方	6	6	6
17	上海建科工程咨询有限公司	BIM 咨询方	6	7	5
18	上海现代工程咨询有限公司	BIM 咨询方	6	4	4
合计			120	113	90

调查方式以书面问卷为主，发放书面问卷 120 份，回收问卷 113 份。由于存在数据质量不佳或问题没有完全回答的问卷，本研究基

于以下原则进行无效问卷的筛选：①所有题项中存在没有回答的题项，视为无效问卷；②选择“一般”或“中立”的回答超过题项数的 50%，视为无效问卷。经过筛选，回收的有效问卷 90 份，问卷的有效率为 75%，其中有效问卷业主方 18 份，设计方 27 份，总承包方 25 份，BIM 咨询方 20 份。

首先对问卷填写的基本人口统计信息进行分析，具体分析如表 4-2 所示。

表 4-2　有效样本的人口统计信息分布

	类别	频数	比例（%）
参与方	业主	18	20.00
	设计方	27	30.00
	总承包方	25	27.78
	BIM 咨询方	20	22.22
	合计	90	100.00

从上述人口统计信息分布情况可看出，调研对象在各参与方之间的分布较均匀，数据分布无明显集中于某一参与方的情况，表明样本分布的异常性较小。因此，本次问卷调查所获得的样本总体代表性较好，可以接受。

4.1.4　数据分析

1. 数据描述性统计分析

描述性统计分析是用来对样本分配的集中与离散状态分析的多种方法的综合。在各种描述性的统计指标上，用来描述样本集中状态的最具代表性的指标是均值，描述样本离散状态的最具代表性的指标是标准差。本研究的样本数据的均值与标准差如表 4-3 所示。

表 4-3　各构念测量指标的均值与标准差

构念	测量指标	均值	标准差	构念	测量指标	均值	标准差
BIM 应用范围（BA）	BA1	3.12	0.872	BIM 应用组织（BO）	BO1	4.30	0.942
	BA2	3.43	0.912		BO2	3.82	0.943
	BA3	3.29	0.851		BO3	3.62	1.087
	BA4	3.84	0.959		BO4	3.40	0.884
	BA5	3.88	0.859		BO5	3.67	0.874
	BA6	4.03	0.678	组织集成程度（OI）	OI1	3.87	0.962
	BA7	4.12	0.732		OI2	4.01	0.906
	BA8	3.50	0.915		OI3	3.92	0.902
	BA9	4.04	0.873	流程集成程度（PI）	PI1	3.62	0.894
	BA10	4.38	0.743		PI2	3.69	0.856
	BA11	3.89	0.917	技术兼容程度（TI）	TI1	3.53	0.902
	BA12	3.50	0.768		TI2	3.53	0.985
	BA13	3.74	0.815	合同关系（CR）	CR1	3.89	0.800
	BA14	3.73	0.845		CR2	3.78	0.818
	BA15	3.87	0.737	信任（TR）	TR1	3.81	0.886
	BA16	3.59	1.111		TR2	3.92	0.877
	BA17	3.51	0.963	市场地位（MP）	MP1	3.69	0.802
	BA18	3.30	1.011	BIM 应用价值（BV）	BV1	3.04	0.833
	BA19	3.26	0.919		BV2	3.70	0.905
	BA20	3.16	1.059		BV3	3.99	0.800
	BA21	3.46	0.850		BV4	3.97	0.905
					BV5	3.90	0.937
					BV6	3.76	0.798

从表 4-3 中可知，各变量测量指标的均值在 3.0～4.5 之间，无特别明显极端数值，说明样本的集中状态良好；标准差的分布在 0.67～1.12 之间，也无明显过大的标准差，说明样本的离散状态良好。

2. 各变量的知觉感受程度

为了获取各题项的样本数据对变量特质的知觉感受程度，通常采用层面单题的平均得分进行评价，也即以各层面变量除以层面包含的题项数（吴明隆，2010）。本研究各变量的知觉感受程度如表 4-4 所示。

表 4-4　各变量的知觉感受程度

构念	最小值	最大值	均值	标准差
BIM 应用组织	2.60	5.00	3.95	0.5608
组织集成程度	2.33	5.00	3.93	0.7070
流程集成程度	1.50	5.00	3.65	0.7056
技术兼容程度	1.00	5.00	3.53	0.7709
合同关系	2.50	5.00	3.83	0.6534
信任	2.00	5.00	3.86	0.6942
市场地位	1.00	5.00	3.68	0.8023
BIM 应用价值	2.00	5.00	3.72	0.5401

BIM 应用范围的测量题项是测度 BIM 应用功能点的应用程度，各功能点在不同阶段、不同参与方的视角各不相同，将在表 4-5 按调研对象类型对其的知觉感受程度进行分析。

3. BIM 应用范围的知觉感受程度

在 BIM 应用范围的测量题项中，不同单位的调研对象对 BIM 应用范围的知觉感受程度各不相同，如表 4-5 所示。

表 4-5　BIM 应用范围的知觉感受程度

编号	测量题项	均值				
		总体（N=90）	业主（N=18）	设计方（N=27）	总承包方（N=25）	BIM 咨询方（N=20）
BA1	环境建模分析	3.12	3.22	3.19	2.60	3.60
BA2	场地分析	3.43	3.22	3.48	3.48	3.50
BA3	建筑策划	3.29	3.56	3.48	3.04	3.10

续表

编号	测量题项	均值				
		总体（N=90）	业主（N=18）	设计方（N=27）	总承包方（N=25）	BIM 咨询方（N=20）
BA4	投资估算	3.84	4.67	2.96	4.00	4.10
BA5	方案论证	3.88	4.17	4.44	3.40	3.45
BA6	可视化设计	4.03	4.11	3.81	4.16	4.10
BA7	模型检查与优化	4.12	4.22	4.44	3.72	4.10
BA8	性能分析（能耗分析、结构分析、光照分析、风模拟及交通分析等）	3.50	3.72	3.67	3.08	3.60
BA9	工程量统计	4.04	4.33	3.22	4.52	4.30
BA10	管线综合	4.38	3.89	4.48	4.56	4.45
BA11	施工进度模拟	3.89	3.89	3.15	4.48	4.15
BA12	施工组织模拟	3.50	3.56	2.81	4.16	3.55
BA13	虚拟建造	3.74	3.89	2.96	4.32	3.95
BA14	物料跟踪	3.73	4.11	2.85	4.24	3.95
BA15	施工现场配合	3.87	3.67	3.59	4.24	3.95
BA16	竣工模型交付	3.59	4.39	2.52	3.64	4.25
BA17	资产维护计划	3.51	4.17	3.15	2.76	4.35
BA18	资产管理	3.30	4.44	2.74	2.56	3.95
BA19	空间管理	3.26	4.44	2.78	2.60	3.65
BA20	建筑系统分析	3.16	4.00	2.96	2.12	3.95
BA21	应急预案模拟	3.46	4.44	3.15	2.80	3.80

4. BIM 应用组织的知觉感受程度

在 BIM 应用组织的测量题项中，同时认为业主、设计方与总承包方对推动 BIM 应用的重要程度介于“重要”和“非常重要”之间的数据信息如表 4-6 所示。

表 4-6 业主、设计方与总承包方共同推动 BIM 应用组织的知觉感受程度

总样本数	符合筛选条件数	调研样本数			
		业主	设计方	总承包方	BIM 咨询方
90	68	12	15	21	19
所占百分比	75.5% （68/90）	67% （12/18）	56% （15/27）	84% （21/25）	95% （19/20）

5. BIM 应用价值的知觉感受程度

在 BIM 应用价值的测量题项中，不同单位的调研对象对 BIM 应用价值的知觉感受程度各不相同，如表 4-7 所示。

表 4-7 BIM 应用价值的知觉感受程度

编号	测量题项	均值				
		总体（*N*=90）	业主（*N*=18）	设计方（*N*=27）	总承包方（*N*=25）	BIM 咨询方（*N*=20）
BV1	缩短了各种文件的审批周期	3.04	3.39	2.63	3.20	3.10
BV2	减少了施工变更	3.70	3.33	3.96	3.80	3.55
BV3	增强了对设计意图的理解	3.99	4.17	4.00	4.08	3.70
BV4	提升了整体项目的质量	3.97	4.67	3.89	4.00	3.40
BV5	减少了施工碰撞	3.90	3.61	4.48	4.04	3.20
BV6	提高了各参与方的满意度	3.76	3.72	3.96	3.48	3.85

4.1.5 预研究分析结果

从表 4-4 和表 4-6 中可知，BIM 情境的关键要素中，有 75.5%的调研对象认为推动 BIM 应用需要业主、设计方及总承包方共同努力，表明 BIM 情境下建设项目各参与方的组织集成度高非常重要。BIM 能力中组织集成程度、流程集成程度和技术兼容程度对实现项目各

参与方协同工作的重要程度分别为 3.93、3.65 和 3.53，均大于中位数 3，表明这三个构念对于实现项目各参与方的跨组织合作重要程度较高。跨组织关系的关键要素中，合同关系、信任及市场地位对 BIM 情境的重要程度分别为 3.83、3.86 和 3.68，表明跨组织关系对 BIM 情境的重要程度较高。

从表 4-5 中可知，不同角色的调研对象对 BIM 应用范围的重要性感知程度不一：业主对全寿命周期的 BIM 应用的关注度较高，介于“重要”与“非常重要”之间（例如：投资估算、方案论证、模型检查与优化、工程量统计、物料跟踪、竣工模型交付、资产维护计划、资产管理、空间管理及应急预案模拟等）；设计方对设计阶段与设计交付成果相关的 BIM 应用关注度较高，介于“重要”与“非常重要”之间（例如：方案论证、模型检查与优化、管线综合等），总承包方对施工阶段与施工交付成果相关的 BIM 应用关注度较高，介于“重要”与“非常重要”之间（例如：可视化设计、工程量统计、管线综合、施工进度模拟、施工组织模拟、虚拟建造、物料跟踪及施工现场配合等）；设计方与施工方对于与自己的工作职责不相关的 BIM 应用的关注度则偏低，介于“不重要”和“中立”之间（例如：运营阶段的 BIM 应用）。上述分析结果表明，BIM 应用在跨组织跨阶段的应用仍然是处于割裂状态，而从建设项目跨组织 BIM 应用角度来看，即从业主的角度，需要对不同组织和不同阶段的信息进行集成与整合。

从表 4-7 中可知，不同角色的调研对象对 BIM 应用价值的感知程度也不一样，本研究认为可能的感知差异原因在于调研对象来自不同的单位，预研究是通过随机抽样的样本获得对 BIM 应用价值的普遍感知，这会受调研对象对 BIM 熟悉程度及项目管理经验的影响。

通过预研究，为本研究的后续工作带来了有益的启示，获得了 BIM 情境与跨组织关系的相互作用方式的探索性发现，也对研究方法提出了新的挑战。

（1）BIM 情境下需要对建设项目的组织进行集成，对不同阶段的信息进行集成。

（2）BIM 情境对跨组织关系的作用方式：组织集成程度、流程集成程度以及技术兼容程度越高越有助于实现跨组织合作。

（3）跨组织关系对 BIM 情境的作用方式：明晰的合同关系、信任以及市场地位高的一方有助于推动集成化的 BIM 情境。

（4）问卷调查的研究方法对发现 BIM 情境与跨组织关系的相互作用机制有着局限性，虽然大样本的随机抽样方法可以获得普遍性的规律，但难以将调研对象聚焦于同一项目，以便发现不同参与方产生不同感知差异的原因。因此，这既为本研究后续的研究设计带来挑战，也为本研究在研究方法上带来了创新的机会。

4.2　研究框架构建的理论基础

根据关键因素分析结果和预研究带来的启示，BIM 情境的障碍因素除了涉及组织、流程及技术层面的问题，建设项目各参与方间的合作关系也尤为重要，其对 BIM 情境的作用方式也非常复杂。只有进一步对跨组织关系这个概念进行探索，才能更好地发现跨组织关系与 BIM 情境的相互作用方式。建设项目组织的临时性和割裂的本质对项目各参与方间合作关系的形成有着重要的影响，因此在探索建设项目跨组织关系时无法应用供应链系统的长期合作关系理论，但可以借鉴跨组织创新技术与跨组织关系等领域相关理论基础作为研究框架构建的支撑。本研究借鉴社会交换理论来解释 BIM 情境下建设项目各参与方间的交易行为，并结合 Williamson 的交易成本理论来解释跨组织关系对 BIM 情境的影响。

对于建设项目跨组织关系而言，技术–经济完全理性的观点充分说明了形成跨组织间关系的目标是追逐未来的收益。然而大量的研究发现技术-经济观点在研究跨组织关系时是基于线性的实物交换，忽视了跨组织关系中人的社会属性（例如：信任、承诺与依赖等），同时，其侧重从理论推导跨组织技术创新对组织间长期关系的研究，而在考虑建设项目各参与方临时性关系对跨组织技术创新的影响作用方面研究则较少。社会-政治观点则从跨组织技术创新与跨组织关系间的联系进行研究，但却将跨组织技术创新作为信息集成的工具，缺乏对跨组织技术创新的系统性认知及分析其对组织、流程和技术上的冲击和影响。因此，在讨论跨组织技术创新和跨组织关系时，不少学者提出将技术-经济观点和社会-政治观点相结合进行互补，才能系统地分析跨组织技术创新和跨组织关系间的相互作用（严建援等，2005；尤大鹏，2007），这一观点同样也适用于探索 BIM 情境和跨组织关系的相互作用。

本书将对跨组织关系中的要素，如合同关系、信任及市场地位进行细化讨论，力求进一步发现 BIM 情境与跨组织关系之间的联系。

4.2.1 基于社会交换理论的探讨

社会交换理论起源于 20 世纪 50 年代，其最主要的理论学派有：Homans（1958）的交换行为主义、Blau（1964）的交换结构主义、Thibaut 等（1959）的交换结果矩阵及 Emerson（1972）的交换网络理论等，他们的理论贡献促成了社会交换理论的蓬勃发展。

1. 交换行为主义

交换行为主义是 Homans 从人际间的交换形态出发，认为人际间的互动行为是一种过程，在这个过程中交换双方参与者执行与对方有关的活动，且交换有价值的资源。在这个互动过程中，交换双方只有觉得这个交换关系有吸引力，才会继续与对方互动。Hallen（1991）也指出在交换的各种情境中，交换双方必须调整资源来符合对方的需要。这充分说明了交换双方都是以自我为中心，一切交换行为都是为了满足自己的需要而已。该观点对本研究的启示在于：建设项目各参与方共同来完成项目，他们的互动不外乎是一种交易，为了满足彼此间的需要，各方会尽力去配合对方的要求，以期得到各自所需的利益。

2. 交换结构主义

Blau 的交换结构主义将社会交换理论从 Homans 的个人层面延伸到组织层面，提出了一个重要的概念：信任。他认为社会交换的过程是出于互惠的结果，彼此间会产生责任感以及信任。尤大鹏（2007）认为商业行为的社会交换关系虽然依据合同进行，但也需要彼此间的信任，才能使商品或服务依照合同的规定按时履行。该观点对本研究的启示在于：建设项目各参与方在完成项目过程中，若能使彼此获得利益，彼此间就会产生信任；下游参与方认为业主是最佳的合作伙伴时，他们对此交易关系会产生承诺，表现出想要长期维持此合作关系的诚意，这又会使得双方交换关系更为稳固，双方更加彼此信任。

3. 交换结果矩阵

Thibaut 等（1959）提出“与过去经验期望的比较水平”及“与其他方案的比较水平”两个比较标准来建立交换结果矩阵。通过将交换过程进行量化，将交换双方的互动结果转化为结果矩阵中的数值，通过结果数值与标准的比较，来判断交换关系的吸引程度及满意度，从而对是否依赖此交换关系进行决策。

4. 交换网络理论

Emerson 采用成熟的交换理论，分析社会网络中的不平等与权力。市场地位不平等在社会交换中所担任的角色，交换关系的双方会以彼此间的相对依赖来决定他们的相对地位（Emerson，1972）。

Thibaut 和 Kelley 以及 Emerson 的理论给本研究带来以下启示：BIM 情境中，各参与方的市场地位与相互的依赖作用更显出合作关系的密切，因此市场地位高且依存性高的参与方在推动 BIM 应用时，其可行性与成功概率更高。因此跨组织关系中的市场地位将影响 BIM 情境。

综上所述，将上述理论运用到 BIM 情境与跨组织关系的相互作用时，项目各参与方间的合作关系必须建立在信任的基础上，方可使各参与方应用 BIM 的积极性提高，推动的过程中也具备更稳固的合作基础。市场地位高的参与方更容易推动 BIM 在建设项目中的应用。因此，本研究推论出跨组织关系的信任和市场地位将对 BIM 情境产生正向作用。

4.2.2 基于交易成本理论的探讨

在交易成本理论中，Coase（1937）率先提出“利用内部生产以获得利益的主要原因是因为由外部采购会有损失”的观点，并指出在市场交易中，买卖双方为了找到均衡价格，所必须付出的代价，即是交易成本。Williamson（1979）认为当企业可通过市场机制（需完全符合竞争市场的假设）来进行交易时，则可以得到一个交易均衡的状况，这是最具效率和公平性的方法，但在现实生活中完全竞争市场的假设往往无法成立，造成交易过程中产生交易成本。Williamson（1979）认为在交易成本理论之下，企业的决策目标是生产成本和交易成本的总和最小化，因此，在组织决定是否与其他组织组成合作联盟时，从成本的角度考虑最有利于本企业的决策。另外当某一个企业对另一个企业存在明显的依赖关系时，代表其相对市场地位较弱。

综上所述，建设项目业主进行合同安排时，往往从其自身利益出发，采用对其最有利的承发包模式来选择合作伙伴，因此产生的合同关系将对 BIM 情境带来影响。

4.3　概念模型及理论假设

4.3.1　概念模型

从预研究的分析结果来看，BIM 情境与跨组织关系存在相互影响。将上述理论和 BIM 情境与跨组织关系的相互影响结合起来，建立起本研究的概念模型（图 4.1），并初步推断：跨组织关系的信任将对 BIM 情境产生正向作用；跨组织关系中的市场地位将影响 BIM 应用；合同关系将对 BIM 情境带来影响。

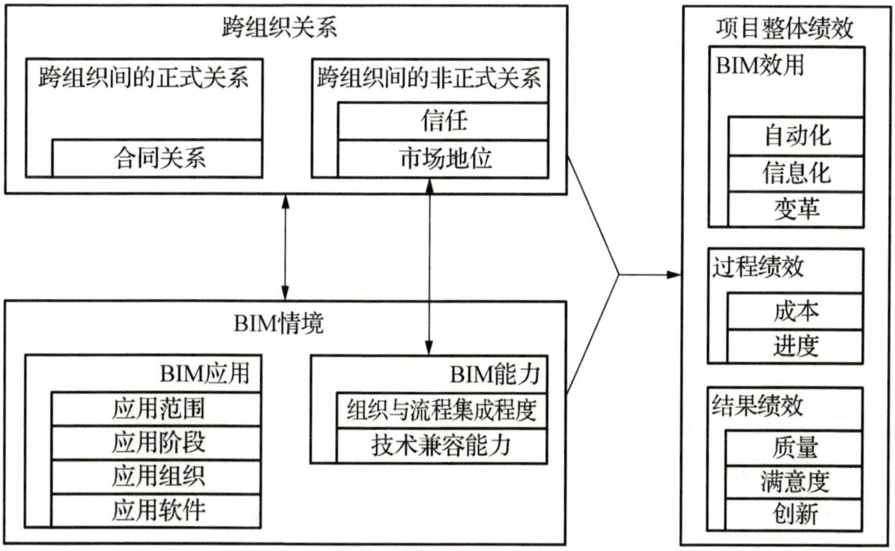

图 4.1　本研究概念模型

4.3.2　概念模型的讨论

1. BIM 应用

根据第 2 章对 BIM 情境的综述以及第 3 章对 BIM 情境的界定，本研究的 BIM 情境的关键变量包括：BIM 应用范围、BIM 应用阶段、BIM 应用组织、BIM 应用技术、组织集成程度、流程集成程度以及技术兼容程度。

（1）BIM 应用范围。

CICRP（2010）根据 BIM 应用的物理和功能特征提出 BIM 具有 25 种主要应用功能，例如：协同化设计、碰撞检查、施工模拟、能耗分析、工程量统计等。在具体的项目中这些应用功能的实现，有些仅需单个组织内部间的协作即可完成，有些则需要多个不同专业参与方的跨组织协同合作。BIM 的深度应用需要跨专业跨组织的集成，这使得建设项目各参与方间跨组织相互搭接和相互依赖的需要增加，单个组织内应用的成熟度低，跨组织应用的成熟度高。

（2）BIM 应用阶段。

NBIMS（2007）提出 BIM 的应用贯穿建设项目的全寿命周期，也即从最早的概念设计阶段到最终的拆除阶段。其他的学者与产业界专家也给出了相同的观点（Eastman et al.，2008；Campbell，2007）。Succar（2008）在 BIM 框架构建的研究中针对项目整个寿命周期划分了不同阶段及其相应的工作任务，提出 BIM 跨阶段的应用需要建筑、设计、施工和运营（AECO）等利益相关者的共同努力。

（3）BIM 应用组织。

建设项目作为 BIM 情境的载体，其参与方众多。NBIMS（2007）认为 BIM 是建设项目信息流在建设项目各参与方间进行流转与共享，这从 BIM 作为跨组织创新的本质解释了 BIM 能够在建设项目的各个参与方间进行跨组织应用。而 Succar（2008）则从 BIM 应用成熟度角度提出 BIM 既可以在单个组织内应用，也可在多个组织间进行应用。

（4）BIM 应用技术。

BIM 软件作为 BIM 定义的外延，其在 BIM 情境中也是必不可少的要素，而且作者所在研究团队的调研发现也进一步验证了这一观点。为实现不同阶段不同组织的应用，BIM 软件具有多样性。Smith（2009）指出建设项目 BIM 技术的应用涉及多个软件，单个软件决不可能解决所有的问题。

2. BIM 能力

（1）BIM 组织集成程度。

BIM 能够推动建筑业向新的建设生产范式转化，BIM 情境下 BIM 组织集成程度是 BIM 能力的重要因素之一（Succar，2008；Succar，2009），其反映的是建设项目下游组织是否提前介入项目，及其对设计方的影响；反映的是组织间活动是否并行交叉，项目的各参与方是否协同工作和信息共享，这些都对传统的项目组织模式提出很大挑战，对建设项目各参与方间的关系也提出了挑战。

（2）BIM 流程集成程度。

Succar（2009）指出 BIM 流程集成程度是反映 BIM 能力的主要因素，其考量的是 BIM 交付成果是否与项目各参与方内部及各参与方之间业务流程紧密集成。

（3）BIM 技术兼容程度。

技术兼容程度也是 BIM 情境下一个重要的指标，是由 BIM 软件多样性所决定的。BIM 软件的选择需要与项目目标一致（Succar，2009）。作者所在的研究团队调研发现，不少企业因为 BIM 软件间的兼容性差，或者 BIM 软件与现有的项目管理平台无法集成，而将 BIM 应用仅限于组织内应用或不采用 BIM。

3. 跨组织关系

根据第 2 章对跨组织关系的综述以及第 3 章对跨组织关系的界定，本研究的跨组织关系的关键变量包括：正式关系之合同关系，非正式关系之信任及市场地位。

（1）正式关系之合同关系。

建设项目按照系统的原理和要求进行合同安排，划分为相互独立、相互联系和相互影响的组织单元，这些组织单元通过合同形式确定其工作范围、职责、权利与义务。基于合同安排，各参与方间既有直接的合同关系（例如：业主与设计方，业主与总承包方，总承包方与分包方等），也有间接的协调关系（例如：设计方与总承包方），本研究将上述两类基于合同而产生的合同关系和协调关系统称为合同关系。在不同的承发包模式下，存在不同的合同关系，主要体现在对各参与方责权利的约定。有研究显示，不同的合同关系都会使应用BIM的参与方受益，但只有集成化的交付方式才能最大程度地发挥它的功效（Young，2008；Zhang et al.，2013）。

（2）非正式关系之信任。

社会交换理论的观点认为社会交换的过程是出于互惠的结果，彼此间会产生责任感以及信任（Blau，1964）。即使各方是依照合同进行，也需要彼此间的信任，才能使商品或服务依照合同的规定履行。可见，信任是对BIM情境产生重要作用的关键因素之一（Meier，1995）。

（3）非正式关系之市场地位。

市场地位是指组织在一个产业中的角色（Porter，1980），或者是组织的产品或服务在其所有渗透区域内的综合市场占有率，或其在产业中的排名次序。BIM情境下，通常由市场地位较高的一方发起BIM需求（Premekumar et al.，1994），市场地位较高的一方可以使用补贴或是强迫其他参与方应用BIM。但是从Premekumar等（1994）的观点来看，市场地位高的一方无法通过命令使得建设项目各参与方应用BIM而取得成效，还是需要通过各参与方的通力合作才能对BIM情境产生正向影响。

4. 项目整体绩效

根据第2章对项目整体绩效的综述以及第3章对项目整体绩效的界定，本研究提出的项目整体绩效的变量有：BIM效用、项目过程绩效和项目结果绩效。

（1）BIM 效用。

Mooney（1996）提出信息技术产生的业务价值的研究框架。基于该框架，本研究提出的 BIM 效用考虑的是 BIM 应用过程中，各项目参与方的自动化效用、信息化效用和变革效用。其中自动化效用是从效率的视角出发，考察信息技术替代劳动力产生的价值，其通过劳动生产率的提升、人力及成本的节省来反映。信息化效用主要是指 BIM 的数据收集、储存、处理及传播的能力所产生的价值，其可以通过提升决策质量、减少资源的使用、增强组织的效率和提高质量来反映。变革效用是指 BIM 推动和支持流程创新与改革所带来的价值，其可以通过改善响应时间、流程再造和重新设计组织架构之后的服务和产品来反映。

（2）项目过程绩效。

项目过程绩效考虑 BIM 情境下从概念设计到移交给业主的项目过程，项目作业过程效率和管理过程效率的情况，以传统项目绩效测量中的成本与进度为主要考量指标。

（3）项目结果绩效。

项目结果绩效与达到或超过项目目标有关，本研究主要从以下三个方面进行考量：①从传统项目质量方面；②对项目过程中各参与方在 BIM 情境下的满意度，包括跨组织创新技术为各参与方提供的学习机会和成就感；③对项目过程中各参与方在 BIM 情境下所产生的组织创新和生产范式的创新。

4.3.3　理论假设及深化后概念模型

1. BIM 情境对跨组织关系的作用方式

根据本研究对 BIM 情境的细化，从以下两个方面分别探讨 BIM 情境对跨组织关系可能的作用方式。

（1）BIM 应用。

从 BIM 应用来看，BIM 应用范围、应用阶段、应用组织的广度和深度有着多样性，单个阶段或单个组织内应用的功能点对建设项目各参与方的合作需求较低，仅需单个组织内部门间的协作即可完成；而跨组织应用的功能点则需要项目各参与方的跨组织协同合作。而 BIM 情境下，各参与方对 BIM 技术的依赖为顺序式依赖，若是跨组织或跨阶段的 BIM 应用，下游参与方的技术选择有赖于上游参与方。因此，提出如下假设。

H1：随着 BIM 应用的广度和深度的拓展，需要建设项目各参与方间的合作，BIM 应用与跨组织关系正相关。

H1a：BIM 应用有助于促成集成化的合同关系。

H1b：BIM 应用有助于促进各参与方间的信任。

（2）BIM 能力。

从 BIM 能力来看，组织集成程度和流程集成程度越高，越能营造一个协同工作的氛围。建设项目各参与方在这样的 BIM 情境下，能够更好地进行信息的共享和协调，并且重新分配各参与方的责权利，促进利益共享和风险共担的合同模式。技术兼容程度越高，建设项目各参与方采用 BIM 的积极性越高，也有利于各参与方间进行信息共享与合作。因此，提出如下假设。

H2：BIM 能力的提升，有利于建设项目各参与方间的合作，与跨组织关系正相关。

H2a：BIM 能力的提升，有助于改善各参与方间的对立关系，促进集成化的合同关系。

H2b：BIM 能力的提升，有助于促进各参与方间的信任和提升参与方的市场地位。

2. 跨组织关系对 BIM 情境的作用方式

本书从解释建设项目跨组织关系的合同关系、信任及市场地位角度分别探讨跨组织关系对 BIM 情境可能的作用方式。

（1）合同关系。

Autodesk（2007）公司发布白皮书《BIM 与 IPD》指出集成化的项目交付模式极大地促进了 BIM 应用，也提高了组织及流程的集成程度。AIA（2007b）发布的 *IPD Guideline* 指出，BIM 和 IPD 虽不存在相互依赖关系，即 BIM 可以在非集成化的环境下应用，IPD 也可以不采用 BIM，但两者的结合将会相互促进、相得益彰。Eastman（2008）在 *BIM Handbook* 中指出 DB 模式下的合同关系相比 DBB 模式，提高了 BIM 应用组织和流程集成程度，这一有利条件将会更好地促进 BIM 应用。Young（2008）对美国 BIM 应用的调查研究显示，不同的合同关系都会使应用 BIM 的参与方受益，但只有集成化的项目交付方式（IPD）才能最大程度上促进 BIM 应用。因此，提出如下假设。

H3：合同关系的集成化程度越高，越有利于 BIM 能力的提升及促进 BIM 的跨组织应用。

（2）信任。

建设项目各参与方间跨组织关系建立与信任不可分。随着 BIM 情境对建设项目各参与方相互合作的需求越来越高，各参与方间的相互信任尤为重要（Soliman et al.，2004）。BIM 情境下需要建设项目各参与方间的高层次信任，以提高 BIM 应用效果（Tyndall et al.，1998；Artz，1999）。项目各参与方间的信任可以降低协商成本及减少冲突的发生（Hart et al.，1997），各参与方间的信任对于 BIM 应用与 BIM 能力非常关键。建设项目各参与方间建立互信与承诺，在项目进行过程中各方会表现出双方信息的沟通顺畅、信息共享程度高，掌握更实时的项目信息。因此，提出如下假设。

H4：建设项目各参与方间的信任与 BIM 应用、BIM 能力正相关。

（3）市场地位。

市场地位是指组织在一个产业中的角色，或者是组织的产品或服务在其所有渗透区域内的综合市场占有率，或其在产业中的排名次序（Porter，1980）。BIM 情境下，通常由市场地位较高的一方发起 BIM 需求（Premekumar et al.，1994），市场地位较高的一方可以使用补贴或是强迫其他参与方应用 BIM。但是从 Premekumar 等（1994）的观点来看，市场地位高的一方无法通过命令使得建设项目各参与方应用 BIM 而得成效，还是需要通过各参与方的通力合作才能对 BIM 情境产生正向影响。因此，提出如下假设。

H5：建设项目各参与方中的市场地位高的一方与 BIM 应用正相关，但对 BIM 能力的影响有限。

3. 二者相互作用的结果

现有文献分别研究了 BIM 情境和跨组织关系对项目绩效的影响。研究成果表明，集成化的 BIM 情境与项目绩效正相关，跨组织合作关系与项目绩效正相关，但有关二者的相互作用结果的相关研究却鲜见。本研究从项目整体绩效的视角出发，基于上述的 5 个理论假设可知，集成化的 BIM 情境与跨组织合作关系并存是 BIM 情境与跨组织关系相互作用的结果之一。因此，提出如下假设。

H6：集成化 BIM 情境与跨组织合作关系并存时，项目整体绩效高。

4. 深化后概念模型

通过 BIM 情境与跨组织关系的关联预研究和理论探讨，确定了本研究的关键构念和变量，建立了初始研究框架，然后对 BIM 应用、BIM 能力、跨组织正式关系和跨组织非正式关系等构念中的变量分别进行探讨，最后提出 6 个相应的理论假设。理论假设建立的过程对初始研究框架中各构念及变量间的关系进行了深化，深化后的概念模型如图 4.2 所示。

本研究将基于此理论框架，通过多案例比较分析和质性研究方法，进一步探索 BIM 情境和跨组织关系的相互作用机理，并对本章提出的理论假设进行验证，对研究模型做进一步修正。

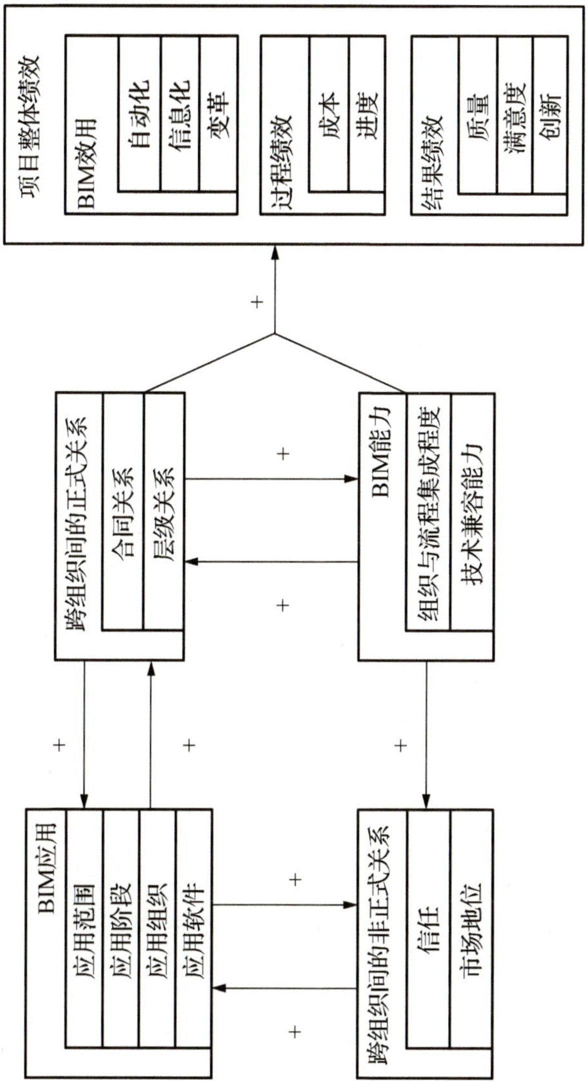

图 4.2　深化后的概念模型

第 5 章 案例选择与数据收集

5.1 案例选择

案例研究方法的特性决定了外部环境条件的不可控性，若要减少与本研究无关的变量对研究结果的影响，案例的选择显得尤为重要。本研究基于第 4 章构建的理论框架指导选择理论样本（Theoretical Sampling）（Eisenhardt，1989）。本研究以建设项目为分析层次开展研究，根据 BIM 情境和跨组织关系及其相关概念（BIM 应用、BIM 能力、跨组织正式关系及跨组织非正式关系）进行案例的选择与筛选，目的在于确保各案例间在关键维度上具备显著差异性。本研究案例的选择定位于跨组织 BIM 应用的建设项目，因其能够更好地捕捉 BIM 情境与跨组织关系的互动，并能识别不同的 BIM 情境。同时，将跨组织关系定位于业主、设计方与总承包方三大项目主体之间的关系，作为关键参与方独立存在于每一个建设项目中。跨组织关系既可以被视为单独的分析单元，也可以被视为一系列实验中的一部分。这为测量 BIM 情境与跨组织关系间的互动提供了便利条件。基于上述考虑，通过预先获取的项目资料及与项目主要参与方小范围的简单交流，选择三个在上海地区应用了 BIM 的建设项目作为研究对象，所选案例概况如表 5-1 所示。为了遵守与访谈对象签署的保护被访项目隐私协议，本研究用 SHE、SHT 和 SHO 来代表被访谈案例。

表 5-1　所选案例概况

序号	项目名称	项目规模	项目类型	项目性质	BIM 应用参与方	项目开工时间	项目竣工时间	所在地
1	SHE	150 万平方米	商业办公	政府投资项目	O、D、GC、SC、PM、BC	2012 年 2 月	2015 年 6 月	上海
2	SHT	60 万平方米	商业办公	政府投资项目	O、D、GC、SC、BC	2008 年 11 月	2014 年 12 月	上海
3	SHO	20 万平方米	商业办公	国有企业投资项目	O、GC、SC、PM、BC	2012 年 4 月	2014 年 12 月	上海

注：O：业主；D：设计方；GC：总承包方；SC：分包方；BC：BIM 咨询方；PM：监理方。

上述所选案例之间的差异主要体现在以下三个方面。

（1）BIM 情境方面的差异。包括 BIM 应用范围、应用阶段、应用组织及应用技术四方面均有或多或少的差异，在 BIM 能力的组织集成程度、流程集成程度、技术兼容程度也有较为明显的差异。

（2）跨组织关系方面的差异。包括参与方的市场地位、参与方间的信任程度等存在明显的差异。

（3）项目整体绩效方面的差异。包括 BIM 应用的效果、项目成本控制、进度控制、满意度等方面存在明显的差异。

同时，为了提供案例的可比较性，降低其他因素对主要研究变量的影响，案例选择从以下四个方面进行控制。

（1）所选案例均位于上海地区，可以排除文化、法律法规、行业体制等与本研究无关的变量对观察结果的影响。

（2）所选案例投资属性类似，可以排除不同项目交付模式（Project Delivery Method）对跨组织关系的干扰。

（3）所选案例根据业主、设计方和总承包方在 BIM 情境下的参与度不同来增强得出结论的普适性。

（4）所选案例项目类型相似，均为商业办公。①根据目前国内 BIM 现状，商业办公项目是 BIM 应用的主要项目类型；②相同类型的项目能够增强案例间的可比性。

在上述案例选择原则的控制下，三个案例可以进行多维度的比较和分析。

本研究采用了深度访谈、与项目联络人的电子邮件、档案数据（如主要参与方间的合同、BIM 实施指南或导则、网站和新闻文章）、参加 BIM 相关例会等多种数据收集方法。主要的数据源是采用小组访谈、半结构化深度访谈方式收集而成。为进一步提高访谈数据的可靠性、准确性和精确性，本研究采用了多种保障方法，具体包括如下内容。

（1）访谈对象的选择主要是以业主、设计方和总承包方为第一优先级。若访谈项目的 BIM 应用是由 BIM 咨询方或监理方及分包方主导，而主要参与方未参与 BIM 应用的情况，会选取 BIM 咨询方或监理方及分包方进行访谈作为补充资料。

（2）访谈对象选择建设项目 BIM 应用相关的核心人员，包括不同的管理层次（项目经理、BIM 经理和 BIM 工程师），并基本覆盖所有的管理层级。案例项目访谈对象角色和背景要求如表 5-2 所示。

（3）采用开放式问卷调查，让掌握大量信息的访谈对象集中于案例项目的相关信息以提高精确性（Golden，1992；Koriat et al.，2000），同时也为后期进一步分析各类问题产生的原因提供依据。

（4）采用“追问式询问”方式使访谈对象能够真实描述项目情况并观察访谈对象的面部表情（Eisenhardt，1989）以避免访谈对象的推测。

（5）对多个访谈对象的数据和档案文件进行三角验证（Jick，1979；Kumar et al.，1993），多源数据的三角验证能保证研究得到更精确的信息及更稳健的理论结果（Anand et al.，2007；Jick，1979）。本研究使用的同一项目不同角色和不同管理层级的多人深度访谈的数据、电子邮件及工程资料数据等可满足三角验证的基本需要。

（6）采用匿名的方式，以打消访谈对象在反映项目真实情况过程中的顾虑。

表 5-2　案例项目访谈对象角色和背景要求

参与方	访谈对象角色	背景要求
业主	项目经理	负责统筹管理建设项目的各项工作， BIM 采纳、实施与应用的关键人员， 对建设项目 BIM 应用有着清晰了解
	BIM 负责人	负责统筹管理 BIM 在建设项目的实施与应用， BIM 采纳、实施与应用的关键人员， 对建设项目 BIM 应用有着清晰了解
设计方	项目经理	负责统筹管理设计方在建设项目的各项工作， BIM 采纳、实施与应用的关键人员， 对建设项目 BIM 应用有着清晰了解
	BIM 相关工程师	应用 BIM 来完成日常工作， BIM 采纳、实施与应用的关键人员， 对建设项目 BIM 应用有着一定的了解
总承包方	项目经理	负责统筹管理总承包方在建设项目的各项工作， BIM 采纳、实施与应用的关键人员， 对建设项目 BIM 应用有着清晰了解
	BIM 相关工程师	应用 BIM 来完成日常工作， BIM 采纳、实施与应用的关键人员， 对建设项目 BIM 应用有着一定的了解
分包方	项目经理	负责统筹管理分包方在建设项目的各项工作， BIM 采纳、实施与应用的关键人员， 对建设项目 BIM 应用有着清晰了解
	BIM 相关工程师	应用 BIM 来完成日常工作， BIM 采纳、实施与应用的关键人员， 对建设项目 BIM 应用有着一定的了解
项目管理方	项目经理	负责统筹管理项目管理方在建设项目的实施阶段各项工作， BIM 采纳、实施与应用的关键人员， 对建设项目 BIM 应用有着清晰了解
	BIM 相关工程师	应用 BIM 来完成日常工作， BIM 采纳、实施与应用的关键人员， 对建设项目 BIM 应用有着一定的了解

续表

参与方	访谈对象角色	背景要求
BIM 咨询方	项目经理	负责统筹管理 BIM 咨询方在建设项目的各项工作， BIM 采纳、实施与应用的关键人员， 对建设项目 BIM 应用有着清晰了解
	BIM 相关工程师	应用 BIM 来完成日常工作， BIM 采纳、实施与应用的关键人员， 对建设项目 BIM 应用有着清晰的了解

深度访谈适合于研究不易从外表观察、时间跨度长并且概念数目较多的事件。一个良好的访谈必须基于所要研究的问题和理论假设设计访谈提纲，包括问题、提问次序以及针对可能的回答设置追问式的问题（钟伦纳，1992；李怀祖，2004）。

基于上述原则，本研究围绕“BIM 应用和跨组织关系的互动”这一主题，采用半结构化的深度访谈法，预先进行访谈提纲设计如表 5-3 所示（访谈提纲详见附录 D）。

表 5-3　访谈提纲设计

<table>
<tr><th>序号</th><th colspan="2">访谈主题</th><th>访谈目的</th><th>备注</th></tr>
<tr><td rowspan="2">第一部分</td><td colspan="2">项目基本信息</td><td>了解项目背景、目标和组织结构</td><td>针对业主</td></tr>
<tr><td colspan="2">项目各参与方基本信息</td><td>了解各参与方 BIM 应用的历史</td><td>针对各个参与方</td></tr>
<tr><td rowspan="4">第二部分</td><td rowspan="4">BIM 应用</td><td>应用范围</td><td rowspan="4">了解项目 BIM 应用的目标、实际应用及二者的差异，
了解 BIM 应用的功能和过程，
了解 BIM 应用的驱动因素和关键驱动者，
了解项目 BIM 应用过程中遇到的主要挑战以及相应的解决措施，
了解 BIM 应用的沟通交流方式</td><td rowspan="4">若有关挑战的回答均以技术方面为主，则要继续追问：是否排除了技术问题就不会出现</td></tr>
<tr><td>应用阶段</td></tr>
<tr><td>应用组织</td></tr>
<tr><td>应用技术</td></tr>
</table>

续表

序号	访谈主题		访谈目的	备注
第二部分	BIM 能力	组织与流程集成程度	了解 BIM 应用前后对跨组织关系改变的情况，了解 BIM 应用过程中跨组织关系的动态变化过程	
		技术兼容程度	了解技术兼容方面可能的障碍对跨组织关系的影响，了解跨组织关系是否有利于解决技术兼容问题	
第三部分	跨组织的正式关系	合同关系	了解合同关系对 BIM 应用的影响方式	
	跨组织的非正式关系	信任	了解各参与方的合作程度，包括合作历史、合作频率及合作满意度	
		市场地位	了解各个参与方在市场的地位，及其对 BIM 应用的推动	根据企业资料等客观信息进行分析得出结论
第四部分	项目整体绩效	BIM 效用	了解项目各方的 BIM 应用效果	
		项目过程绩效	了解 BIM 应用对项目进度、投资方面的影响	
		项目结果绩效	了解 BIM 应用对项目质量、各参与方满意度及创新等方面的影响	

为确保访谈问题和数据收集的有效性和结构有效性，本研究访谈提纲设计过程如图 5.1 所示。经过多方位对访谈提纲的测试，从访谈的提问方式，访谈问题的客观性，访谈问题的合理性及访谈氛围的把控都得到了很好的建议与完善，这为收集到真实的信息奠定了良好的基础。

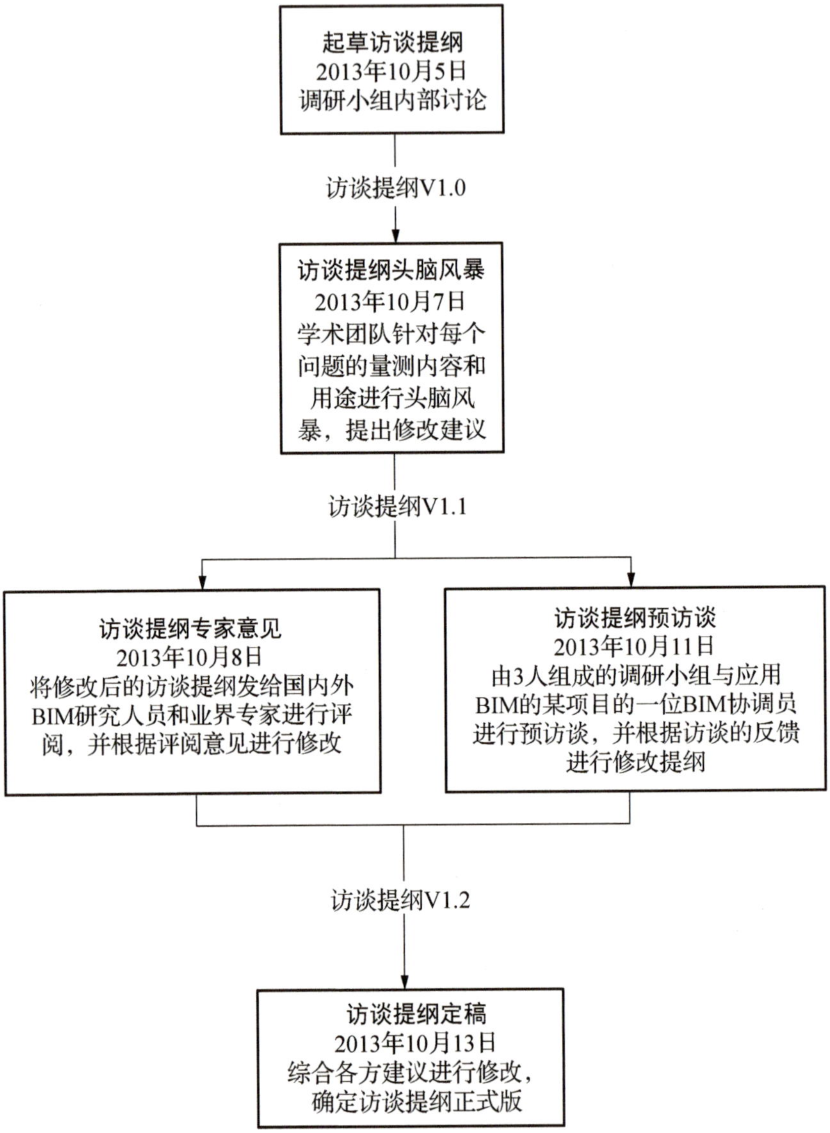

图 5.1　访谈提纲设计过程

5.2 数 据 收 集

Yin（1994）提出，案例研究应该构建三角验证（Triangulation）来保证研究的效度。在数据收集环节，应当采用多元化的数据来源确保数据的全面性。本研究的数据来源于以下三个方面：①对项目经理及 BIM 相关人员的半结构化访谈；②项目与 BIM 相关文档；③相关网络信息。

本研究对每个案例的各个参与方应用 BIM 的核心人员（包括项目经理和 BIM 相关人员）进行访谈。根据表 5-2 案例项目访谈对象角色和背景要求，在实际访谈前，由业主协助确定并联系相关访谈对象，事先将访谈对象知情同意书和计划访谈内容发送给访谈对象，让对方了解此次案例访谈的目的和主要内容。访谈了三个案例共计 34 人，除了 SHO 项目的设计方和 BIM 咨询方不在上海，通过 Email 接收 4 份对访谈提纲的书面反馈外，其余 30 位访谈对象都在征得其同意后全程录音，录音内容均转为文字并请访谈对象确认。因此，共获得 34 份访谈文本，其中 30 份录音文本，4 份书面反馈文本。访谈对象分布于各个项目的不同参与方，并来自不同的管理层次（项目经理、BIM 经理、BIM 工程师），每个访谈对象的访谈时间通常持续 30～92 分钟，共计 1571 分钟。访谈对象的详细情况统计如表 5-4 所示。

表 5-4 访谈对象的详细情况统计

单位：人

角色	职位	案例项目			合计
		SHE	SHT	SHO	
业主	项目经理	1	1	1	6
	BIM 经理	1	1	1	
设计方	BIM 经理	1	1	—	9
	BIM 工程师	2	—	—	

续表

角色	职位	案例项目			合计
		SHE	SHT	SHO	
设计方	设计师	—	—	2[①②]	
	项目经理	1	1	1[①]	
总承包方	BIM 经理	2	1	1	11
	BIM 工程师	1	—	2[③]	
	项目经理	2	1	1	
分包方	项目经理	2	—	—	2
BIM 咨询方	项目经理	1	—	1[①]	4
	BIM 工程师	1	—	1[①]	
BIM 监理	项目经理/总监	—	—	1	1
	BIM 经理	—	—	1	1
总计		15	6	13	34

注：①表示收到的访谈文件为书面反馈；②该访谈对象为设计方外聘的驻现场人员；③该访谈对象为总承包方外聘的建模人员。

表 5-4 表明，在访谈的四个案例中，业主 6 人，设计方 9 人，总承包方 11 人，分包方 2 人，项目监理方 2 人，BIM 咨询方 4 人。每个案例主要的 BIM 应用方（业主、设计方和总承包方）至少选取了 2 位访谈对象，并分布于管理层和执行层，能够满足案例研究对访谈数据三角验证的需要（Yin，1994）。

半结构化访谈过程中，作者首先介绍案例访谈目的，并宣读访谈对象知情告知书。这一做法是为了打消访谈对象对访谈的顾虑，并对其隐私的保护，以及能得到访谈对象对 BIM 应用的真实想法。为确保数据收集的可靠性和结构的有效性，每次访谈都由两位相同的调查者依据相同的访谈提纲共同主持完成，其中一位主要负责访谈，另一位负责做记录，并对提问中的缺漏进行补充。同时，本研究遵循案例分析的规则（Eisenhardt，1989）有：①“24 小时”规则，两位调查者在访谈的一天内完成细致的访谈记录和印象记录；②访谈记录完整性规则，两位调查者记录包括所有的数据和信息，而不仅仅记录各自感兴趣的或仅与期望的答案相关的内容；③记录对各个访谈对象的印象原则，访谈结束后，两位调查者相互检查各自的访谈记录，并交流记录各自对访谈的想法。例如，访谈对象是否对我们敞开心扉，对访谈问题的回答完整性及深度如何？是否满足后续分析的需要？

访谈内容由 23 个半结构化的问题组成。从要求访谈对象描述项目基本信息或参与方 BIM 应用经历开始，关注 BIM 应用对跨组织关系的影响（体现在组织的变化、流程的变化、合作程度的变化及解决问题的方式和态度等），以及跨组织关系对 BIM 应用的影响（体现在 BIM 应用效果、BIM 应用范围、BIM 应用的集成程度）。最后采用封闭式的问题，即给项目整体绩效进行评价的形式来结束每个访谈。

为了对收集的数据进行三角验证，预先通过网络收集案例项目的相关信息，尤其是在 BIM 应用方面的报道，同时在各个参与方的企业网站了解企业规模、BIM 应用案例等相关信息。在访谈期间，也向业主索要项目相关的资料，包括与 BIM 相关的合同条款、BIM 例会会议纪要等。通过以上多方渠道收集的案例数据，结合面对面的访谈，进一步确保案例证据的准确性和有效性。

5.3 数据编码

5.3.1 访谈数据编码及效度检验

本研究采用质性数据的定量分析方法，将访谈的录音内容转录为文本，并对文本内容采用逐行微分析（Strauss et al.，1990），结合归纳式主题编码方式，输入 QSR NVivo®软件进行分析。该软件能够系统性地、有效地截取每份访谈记录中的问题答案，捕捉与理论框架中变量相关的主题和基本模式。NVivo 允许多位研究者在相同的数据上进行分析并比较分析结果，在有明显差异之处进行深入讨论或提供可视化的结果，便于小组讨论。并且其能够过滤个人主观的数据阐释，直到出现歧义的构念和模式最小化。这极大增强了数据分析的客观性，从而提高了分析效率和可信度。同时，为了提高编码和构念发展的有效性，采用了两类分析程序和步骤。一类是编码文件的确定，另一类是编码簿的确定。

（1）编码文件的确定。

为了提高资料分析的信度与效度，确定访谈资料能否作为编码文件，本研究对收集到的 34 份访谈文件基于下列原则进行筛选。

① 保持每个案例关键参与方的完整性和一致性，即每个案例主要分析的关键参与方一致（业主、设计方、总承包方）。

② 对于访谈对象是关键参与方外聘的建模单位或外聘的设计方驻现场人员的访谈文件不作为有效编码文件（剔除 SHO 项目 3 份访谈文件，其中 1 份为设计方驻现场人员的访谈文件，2 份为总包方建模人员的访谈文件）。

③ 分包方的访谈文件不作为有效编码文件（剔除 SHE 项目 2 份分包访谈文件）。

④ 对于书面反馈文件不同角色内容有明显不独立的不作为有效编码文件（剔除 SHO 项目 2 份设计方书面反馈文件）。

⑤ 对于书面反馈文件信息不完整的，其代表的参与方的反馈文件不作为有效编码文件（剔除 SHO 项目 2 份 BIM 咨询方书面反馈文件）。

基于上述原则进行筛选后，可供有效分析的编码文件共计 25 份，如表 5-5 所示。

表 5-5　有效编码访谈文件统计

单位：人

角色	职位	案例项目			合计
		SHE	SHT	SHO	
业主	项目经理	1	1	1	6
	BIM 经理	1	1	1	
设计方	BIM 经理	1	1	—	6
	BIM 工程师	2	—	—	
	项目经理	1	1	—	
总承包方	BIM 经理	2	1	1	9
	BIM 工程师	1	—	—	
	项目经理	2	1	1	
BIM 咨询方	项目经理	1	—	—	2
	BIM 工程师	1	—	—	
监理方	总监	—	—	1	2
	BIM 经理	—	—	1	
总计		13	6	6	25

（2）编码簿的确定。

在正式编码分析之前，根据理论框架中的研究变量建立编码簿（Coding Scheme），如表 5-6 所示。本研究中，作者在导师示范分析下与导师共同进行试编码，在编码过程中提出并修订编码规则。随后，参照这些规则，进行资料分析。

表 5-6　编码簿

序号	编码主题	描述
1	BIM 应用范围	BIM 应用在哪些方面服务于哪些工作
2	BIM 应用阶段	BIM 应用在建设项目的哪些阶段(与 BIM 应用点相对应，也与 BIM 应用的组织相对应)
3	BIM 应用技术	BIM 应用的软件、项目各参与方采用的沟通与信息共享平台

续表

序号	编码主题	描述
4	BIM 应用组织	应用 BIM 的各个参与方、在 BIM 应用的分工、职责、沟通的机制
5	组织集成程度	BIM 应用之后对项目组织的集成程度（包括组织内集成和组织间集成）在模型共享机制和基于模型共同工作机制中的体现
6	流程集成程度	BIM 应用之后对项目流程的集成程度，各参与方协作流程、沟通流程的集成，更强调项目各参与方间如何基于模型沟通和解决问题
7	技术兼容程度	BIM 应用的软硬件兼容程度，不同 BIM 软件间的兼容程度及解决方法
8	跨组织正式关系	合同关系，包括合同类型、合同中对 BIM 应用的约束与激励、问题处理方式
9	跨组织非正式关系	各参与方的合作程度(合作的频繁程度、工作的紧密程度、协作的顺畅程度)、下次合作的意愿、市场地位等
10	BIM 应用动机*	是什么原因驱动各参与方在项目上采用 BIM
11	BIM 应用的困难*	BIM 应用的理想与现实的差距，主要的障碍和问题
12	BIM 投入*	实施 BIM 进行的人力、物力和财力等相关资源的投入，及提供的相关培训、学习等投入来提升 BIM 实施能力
13	BIM 推动方式*	为推动 BIM 在项目中的成功实施，项目各参与方采用的推动方法
14	BIM 应用价值*	BIM 给项目带来的帮助和价值

注：*表示由于半结构化深度访谈本身具有一定的发散性，同时本研究中理论框架的主要变量是基于文献综述和预调研发展而成，因此在试编码的过程中，为了能更准确地对资料进行数据化并得到更准确的项目相关信息，在原有编码簿的基础上又发展了几类对研究框架起重要作用的新编码主题。

具体的编码规则包括以下六个方面。

① 以一句完整意思的句子为一个参考点。

② 在 BIM 应用方面，每一个应用都是视为一个参考点。

③ 上下文相连才能表达一个完整的意思时，将上下文共同视为一个参考点。

④ 在 BIM 应用技术方面，将涉及 BIM 软件的内容视为一个参考点。

⑤ 在访谈记录中，访谈对象的回答含有重复的内容，结合上下文视为一个参考点。

⑥ 每个参考点可以根据其内容重复放在不同的节点中。

5.3.2　编码的信度检验

本研究引入 Scott's p_{i} 值对编码的信度进行检验，其通常用于内容分析的编码流程中（Scott，1955）。本研究的编码过程为：作者独立完成一次编码后，与导师讨论并随机抽查编码的准确性，之后对第一次编码修正并进行第二次编码，通过对两次编码之间一致性的比例来检验编码的有效性。

$$p_{\mathrm{i}}=[p_{\mathrm{r}}(a)-p_{\mathrm{r}}(e)]/[1-p_{\mathrm{r}}(e)] \tag{5.1}$$

其中 $p_{\mathrm{r}}(a)$ 为编码一致性观察值；$p_{\mathrm{r}}(e)$ 为编码一致性期望值。每次编码的一致性观察值及期望值分别如表 5-7 和表 5-8 所示。根据王朝辉等（2013）的经验，Scott's p_{i} 值超过 0.8 表示信度可被接受。经计算，本研究总体案例编码和各案例编码的 Scott's p_{i} 值分别为：0.90（SHE）、0.89（SHT）与 0.91（SHO）（表 5-8），均大于 0.8，所以本研究编码具有较高的信度。

综合 5.3.1 与 5.3.2 小节所述，本研究依据 Eisenhardt（1989）提出的系统性案例研究过程，采用多元化方法构建三角验证，确保数据收集和数据分析的可信度和有效性，从而保证了本研究的信度和效度。

表 5-7 各案例编码一致性观察值

	SHE				SHT				SHO				总体			
	一次	二次	一致	$p_r(a)$	一次	二次	一致	$p_r(a)$	一次	二次	一致	$p_r(a)$	一次	二次	一致	$p_r(a)$
BIM 应用范围	115	120	115	96%	42	47	42	89%	30	36	30	83%	187	203	187	92%
BIM 应用阶段	24	24	24	100%	5	6	5	83%	12	13	12	92%	41	43	41	95%
BIM 应用技术	36	38	36	95%	13	15	13	87%	10	9	8	89%	59	62	57	92%
BIM 应用组织	205	210	194	92%	65	61	61	100%	136	125	111	89%	406	396	366	92%
组织集成程度	195	212	191	90%	34	37	33	89%	46	51	45	88%	275	300	269	90%
流程集成程度	135	153	135	88%	67	55	49	89%	88	94	87	93%	290	302	271	90%
技术兼容程度	40	39	37	95%	26	27	26	96%	3	3	3	100%	69	69	66	96%
跨组织关系正式关系	197	206	197	96%	68	59	55	93%	111	102	97	95%	376	367	349	95%
跨组织关系非正式关系	188	192	171	89%	95	89	77	87%	145	152	138	91%	428	433	386	89%
BIM 应用动机	55	49	45	92%	20	20	20	100%	9	9	9	100%	84	78	74	95%
BIM 应用困难	187	202	174	86%	78	91	78	86%	152	141	138	98%	417	434	390	90%
BIM 投入	26	29	26	90%	6	7	6	86%	18	18	18	100%	50	54	50	93%
BIM 推动方式	29	32	29	91%	25	23	20	87%	42	39	35	90%	96	94	84	89%
BIM 应用价值	28	34	28	82%	12	14	11	79%	11	10	9	90%	51	58	48	83%
合计	1460	1540	1402	91%	556	551	496	90%	813	802	740	92%	2829	2893	2638	91%

表 5-8 各案例编码一致性期望值

	SHE				SHT				SHO				总体			
	一次	二次	平均值	$p_r(e)$	一次	二次	平均值	$p_r(e)$	一次	二次	平均值	$p_r(e)$	一次	二次	平均值	$p_r(e)$
BIM 应用范围	115	120	7.83%	0.61%	42	47	8.04%	0.65%	30	36	4.09%	0.17%	187	203	6.82%	0.46%
BIM 应用阶段	24	24	1.60%	0.03%	5	6	0.99%	0.01%	12	13	1.55%	0.02%	41	43	1.47%	0.02%
BIM 应用技术	36	38	2.47%	0.06%	13	15	2.53%	0.06%	10	9	1.18%	0.01%	59	62	2.11%	0.04%
BIM 应用组织	205	210	13.83%	1.91%	65	61	11.38%	1.30%	136	125	16.16%	2.61%	406	396	14.02%	1.96%
组织集成程度	195	212	13.57%	1.84%	34	37	6.41%	0.41%	46	51	6.01%	0.36%	275	300	10.05%	1.01%
流程集成程度	135	153	9.60%	0.92%	67	55	11.02%	1.21%	88	94	11.27%	1.27%	290	302	10.35%	1.07%
技术兼容程度	40	39	2.63%	0.07%	26	27	4.79%	0.23%	3	3	0.37%	0.00%	69	69	2.41%	0.06%
跨组织关系正式关系	197	206	13.43%	1.80%	68	59	11.47%	1.32%	111	102	13.19%	1.74%	376	367	12.98%	1.69%
跨组织关系非正式关系	188	192	12.67%	1.60%	95	89	16.62%	2.76%	145	152	18.39%	3.38%	428	433	15.05%	2.26%
BIM 应用动机	55	49	3.47%	0.12%	20	20	3.61%	0.13%	9	9	1.11%	0.01%	84	78	2.83%	0.08%
BIM 应用困难	187	202	12.97%	1.68%	78	91	15.27%	2.33%	152	141	18.14%	3.29%	417	434	14.87%	2.21%
BIM 投入	26	29	1.83%	0.03%	6	7	1.17%	0.01%	18	18	2.23%	0.05%	50	54	1.82%	0.03%
BIM 推动方式	29	32	2.03%	0.04%	25	23	4.34%	0.19%	42	39	5.02%	0.25%	96	94	3.32%	0.11%
BIM 应用价值	28	34	2.07%	0.04%	12	14	2.35%	0.06%	11	10	1.30%	0.02%	51	58	1.90%	0.04%
合计	1460	1540	100%	10.77%	556	551	100%	10.67%	813	802	100%	13.19%	2829	2893	100%	11.06%
Scott's p_i 值	0.90				0.89				0.91				0.90			

第 6 章 案例分析结果

本章首先对三个项目背景进行概述（包括案例概况以及 BIM 应用背景分析），然后通过对访谈内容编码，以项目为分析层次进行对比分析，从三个案例中发展出 BIM 情境和跨组织关系演化的基本模式，并对研究假设进行验证，对不符合假设的发现进行解释，进而修正 BIM 情境与跨组织关系的作用方式。

6.1 案例概述

6.1.1 案例概况

本研究案例由 SHE、SHT 和 SHO 三个项目组成，项目概况如下：

SHE 为政府投资项目，项目总建筑面积约为 150 万平方米，集展览、会议、办公、商业、酒店等功能于一体的商业建筑。该项目规模超大、工期紧张、参与方众多。主要参与方中业主是政府投资的项目公司，设计方是上海最具竞争优势的设计方之一，总承包方是由上海两家最具竞争优势的施工企业组成的联合体。项目开工时间为 2012 年 2 月，竣工时间预计为 2015 年 6 月。

SHT 为政府投资项目，项目总建筑面积约为 60 万平方米，集办公、酒店、商业、观光、会议等功能于一体的超高层建筑。该项目超高、规模超大、系统超复杂、参与方超多、建设标准高、对周边建筑和交通的保护要求高、外界对该项目的关注度高。主要参与方中业主是政府投资的项目公司，设计方是上海最具竞争优势的设计方之一，总承包方是上海最具竞争优势的施工企业之一。项目开工时间为 2008 年 11 月，竣工时间预计为 2014 年 12 月。

SHO 为国有企业投资项目，项目总建筑面积约为 20 万平方米，集商业、办公于一体的综合性商业建筑。该项目规模大、工期紧张、对周边环境保护要求高。主要参与方中业主是为特大型国企在上海新成立的项目公司，设计方是北方最具竞争优势的设计方之一，总承包方是上海最具竞争优势的施工企业之一。项目开工时间 2012 年 4 月，竣工时间预计为 2014 年 12 月。

6.1.2　案例项目 BIM 应用背景

1. 从上海地区建筑业产业发展角度

上海作为我国建筑业发达地区之一，近年来建筑业市场依然很繁荣。据上海市统计局对 2013 年 1—10 月全社会固定资产投资总额统计，在同期增长百分比方面，其他第二、第三产业大部分都呈下降趋势，而建筑业产业包括建筑业同比增长 990%，房地产业同比增长 19.3%，市政建设同比增长 15.1%（上海市统计局，2013）。2011 年和 2012 年中国建筑业发展统计分析报告通过对比上海在固定资产投资（分别为第 24 位，第 26 位）和完成的建筑业总产值全国排名（分别为第 10 位、第 11 位）差异性，在说明建筑业产业规模持续扩大的同时，上海市建筑业对由投资拉动的产值增长依赖性较小，产业转型升级走在全国前列（赵惠珍等，2012）。同时，上海地区建筑市场竞争程度日趋激烈，但竞争力强的建筑企业依然在市场中具有较高的影响力（赵惠珍等，2012）。

2. 从上海地区 BIM 应用发展角度

在本书 2.1.2 节“我国 BIM 情境的初步分析”中不难发现，BIM 在中国的应用自 2008—2013 年 5 年间发生了翻天覆地的变化。为了进一步说明 BIM 在上海地区的发展趋势，本研究以 Autodesk 公司与行业协会 2009—2013 年间举办的 BIM 设计大赛中获奖情况为参照（ChinaASC，2009；Autodesk，2011；ChinaBIM，2010；ChinaBIM，2012；ChinaBIM，2013），从侧面反映本研究案例 BIM 应用背景。从表 6-1 获奖项目中可以看出，①从世博会场馆项目由设计方主导解决设计问题的应用，到上海中心项目由业主主导解决项目全寿命周期过程的应用，再到外滩 SOHO 基于 BIM 的项目管理应用；②从大型项目 BIM 应用到不同规模不同类型的项目 BIM 应用；③从政府投资项目到私有投资项目其发展过程是逐步螺旋上升的。从获奖企业看，市场影响力大的大型设计企业一直处于 BIM 应用的前沿，具有设计-施工总承包资质的集团，逐步将 BIM 在设计阶段的应用扩展到施工阶段，例如陈翔路隧道工程、上海城建浦江基地预制装配式住宅工程。

表 6-1　上海地区企业与项目在 BIM 设计大赛中获奖情况

年份	获奖项目数[1]	所占比例	获奖项目	获奖企业数	所占比例	获奖企业
2009	4	4/18	万科金色里程 世博会德国馆 时代金融中心 上海奉贤 GIS 换流站	最佳 BIM 应用企业奖：1	1/2	上海现代建筑设计（集团）有限公司
2010	6[2]	6/23	世博会文化中心 世博会国家电力馆 世博会上汽通用企业馆 世博会上海案例馆 世博会奥地利馆 申都大厦改建工程	最佳 BIM 应用企业奖：1	1/3	上海现代建筑设计（集团）有限公司
				BIM 应用企业鼓励奖：1	1/6	宝钢工程技术集团有限公司

续表

年份	获奖项目数①	所占比例	获奖项目	获奖企业数	所占比例	获奖企业
2011	7③	7/27	上海中心大厦 上海中山医院肝肿瘤及心血管综合楼 申都大厦改建工程 上海新虹桥国际医学中心区域规划 虹桥商务核心区（一期）区域供能能源中心及配套工程 世博会变电站 白龙港污泥处理工程污泥干化车间三维设计	最佳 BIM 应用企业奖：1	1/5	上海现代建筑设计（集团）有限公司
				BIM 应用企业鼓励奖：1	1/5	上海上安机电设计事务所有限公司
2012	5	5/30	思南路旧房改造 长征医院浦东新院 地下空间项目 地铁车站项目 上海城建浦江基地预制装配式住宅工程	最佳 BIM 应用企业奖：1	1/10	上海现代建筑设计（集团）有限公司
2013	6	6/28	外滩 SOHO 上海新城某住宅项目 上海轨道交通 12 号线曲阜路站项目 徐家汇交通枢纽工程 陈翔路隧道工程 上海玉佛禅寺修缮改建项目	最佳 BIM 应用企业奖：4	4/10	上海现代建筑设计（集团）有限公司 上海市城市建设设计研究总院 上海市地下空间设计研究总院有限公司 上海市政工程设计研究总院（集团）有限公司

注：①以项目所在地为上海地区的进行统计，获奖项目由上海企业承担；②其中有 5 个项目是来自世博场馆项目；③其中上海中心大厦项目获 BIM 应用特等奖。

3. 从政府层面看 BIM 发展的角度

政府政策对创新技术的发展有着举足轻重的作用，从上海市政府层面了解 BIM 在上海的发展对解读案例项目，尤其是对政府投资项目的 BIM 情境有着重要意义。2013 年 1 月 5 日，上海市规划和国土资源管理局印发《上海市建设工程三维审批规划管理试行意见》沪规土资建〔2013〕8 号对建设工程设计方案三维审批管理系统的全面推广提供了指导性意见（上海市规划国土资源局，2013）。2012 年 10 月上海市纪委提出利用 BIM 进行项目精细化管理和政府投资项目预算控制等方面应用研究的要求，2013 年 4 月上海市纪委书记再次提出探索 BIM 在政府投资工程建设中应用的要求。政府不同部门出台的 BIM 应用及研究要求，从侧面反映出上海市政府对 BIM 在建设工程领域应用的关注与重视程度越来越高，也预示着在政府政策推动下 BIM 扩散速度将越来越快。

6.2 案例 BIM 情境的演化

在上海建筑业快速发展、市场影响力大的建筑企业占主导的市场环境下，三个案例项目的 BIM 情境有着各自的特点，本节内容根据 3.1.1 节对 BIM 情境概念的界定，对三个案例 BIM 情境的演化进行阐述，同时从图 6.1 中三个案例 BIM 情境所处的时间点看，在这一时间段国内的 BIM 技术在本质上没有重大差异，技术兼容程度均较低，因此三个案例的“技术兼容程度”从客观上而言是一致的，因此将 3.1.1 节对 BIM 情境的三个维度简化为两个维度，如图 6.2 所示。

1．SHT 项目

从图6.1中对三个案例项目BIM情境的关键时间点的描述来看，SHT 项目的 BIM 应用时间最早。那时 BIM 刚刚引入中国，无论从技术认知方面还是人力资源方面都相对匮乏。从表 6-1 可知，此时的BIM应用仅限在大型设计方中进行推广，且应用于规模较小的项目中。SHT 项目采用 BIM 的动机在于：该项目规模大、造型复杂以及难以用传统的2D图纸对设计意图进行表达。因此，在项目的设计阶段，设计方自发进行了3D建筑设计，此时的BIM情境定格在“单一组织单一阶段的BIM应用”的BIM情境三。对业主而言，面对该项目复杂度高、参与方众多、社会关注度高的难题，业主看到设计阶段BIM对复杂节点的处理及其可视化效果，其对BIM的认知也逐渐成熟，认为BIM的引入能为项目的成功实施提供必要的帮助。此时业主与软件提供商签署BIM战略合作协议，成立BIM管理团队，制定BIM在全寿命周期的实施框架。在总承包方的招投标文件中，业主将BIM应用要求写入了招标文件，通过合同要求对施工阶段的BIM应用进行了约定。对总承包方而言，BIM还没有进入他们的视野，更不用说要求其在施工过程中采用BIM为业主提供服务。在合同要求下，总承包方开始了对BIM应用的尝试与探索，但由于施工依据仍然是二维的蓝图，从设计方传递下来的模型的可信度受到了挑战。于是总承包方参考设计方的模型重新建立基础模型。分包商陆续进场后，分别在基础模型上进行各专业的深化，最终由总承包方进行模型集成，项目竣工后由总承包方提交竣工模型用于运营阶段。进入施工阶段之后，BIM情境三演化为BIM情境四，即跨组织单一阶段BIM应用，如图6.3所示。

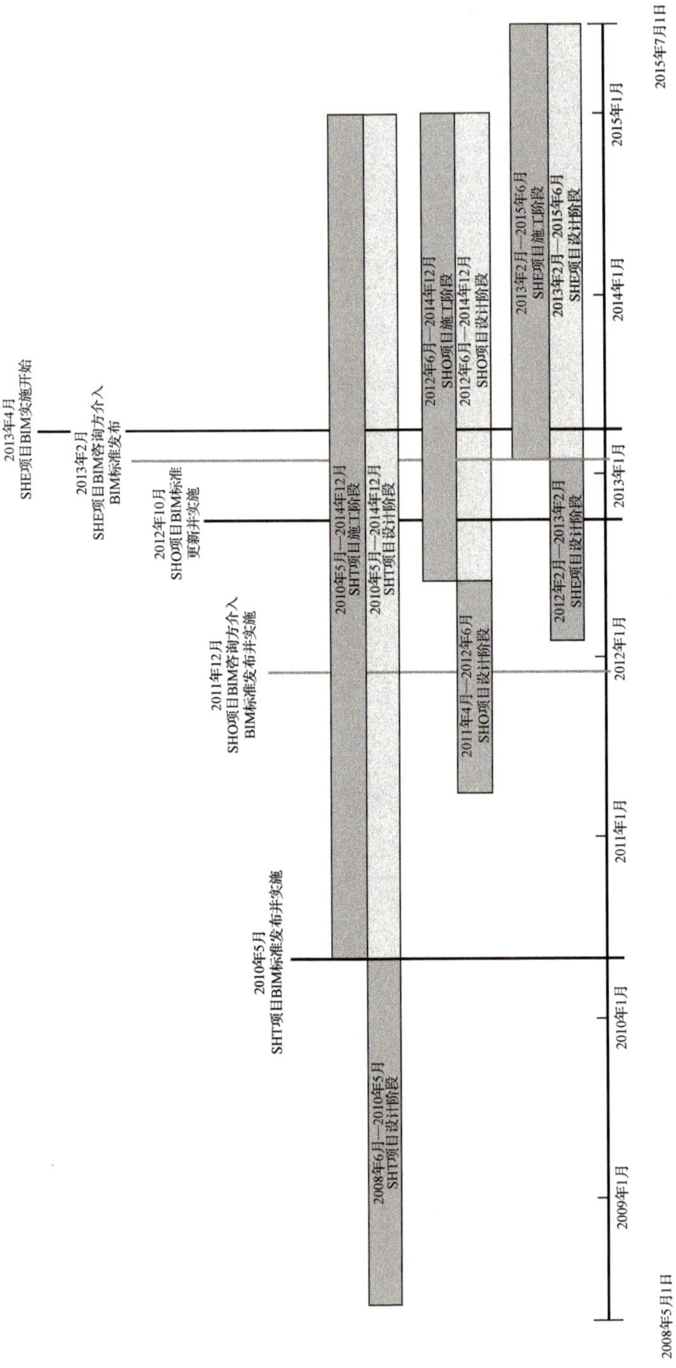

图 6.1　案例项目 BIM 情境关键时间节点

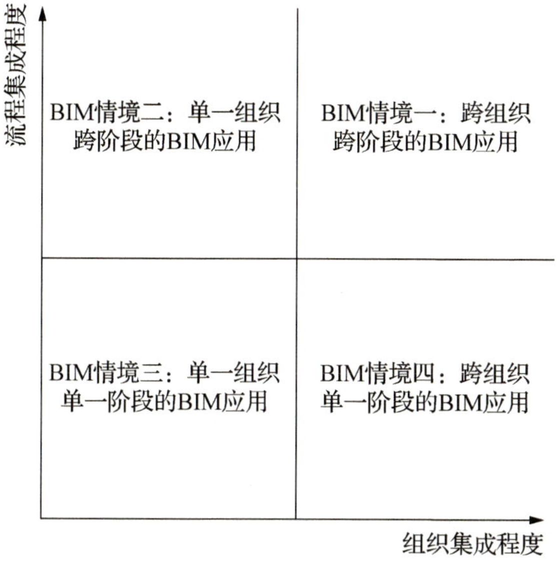

图 6.2　简化后的 BIM 情境划分

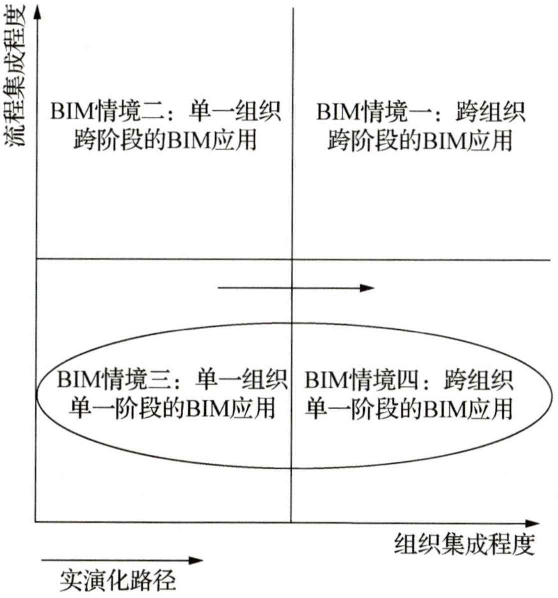

图 6.3　SHT 项目 BIM 情境的演化过程

2. SHE 项目

随着 BIM 在国内建设项目上应用越来越广泛，在上海市地标项目——上海中心大厦项目的 BIM 应用示范效应驱动下，SHE 项目作为上海市重点项目，BIM 应用要求被写入设计方和总承包方的招标文件。同时，在施工图阶段引入 BIM 咨询方为项目建立 BIM 实施规划。该案例的 BIM 情境表现为：在设计阶段，设计方的 BIM 团队辅助设计团队进行局部复杂节点的设计，例如管线综合、净空校验及碰撞检查；在施工阶段，设计方的模型不与总承包方进行共享，总承包方重新建立模型以便后续的应用，各分包商建立模型由总承包方进行集成，并由 BIM 咨询方集成校核总承包方的模型，最终形成竣工模型。这一 BIM 情境演化过程与 SHT 项目类似，但又有着独特性。随着 BIM 咨询方的介入，从某种程度上将该项目的 BIM 情境从情境三演化为情境一，即跨组织跨阶段的 BIM 应用。然而进入施工阶段后，BIM 情境最终演化为情境四，即跨组织单一阶段 BIM 应用占了主导地位，如图 6.4 所示。

3. SHO 项目

SHO 项目属于大型国有企业投资项目，业主没有建设项目开发与建设经验，在 BIM 咨询方的推动下，将 BIM 引入到该项目。BIM 咨询方在初步设计阶段介入项目，制定了项目全过程 BIM 应用实施规划，并承担 BIM 实施工作，最终向业主提交用于运营管理的竣工模型。在设计阶段，设计方仍然提交 2D 图纸，BIM 咨询方基于 2D 图纸建立 3D 模型，进行管线综合及碰撞检查，将检查报告反馈给业主，并由业主提交给设计方进行整改。而在施工阶段，BIM 咨询方将模型传递给总承包方，供其在此基础上进行信息的更新与维护。由于在模型精度上双方没有达成共识，最终总承包方自行建立 BIM

模型并进行分析与应用。BIM 咨询方的工作在施工阶段中止，其最终的交付物变更为根据竣工蓝图完成的竣工模型，而由总承包方交付最终用于运营管理的竣工模型。该案例的 BIM 情境从最初的 BIM 情境二：单一组织跨阶段的 BIM 应用演化为 BIM 情境三：单一组织单一阶段的 BIM 应用，如图 6.5 所示。

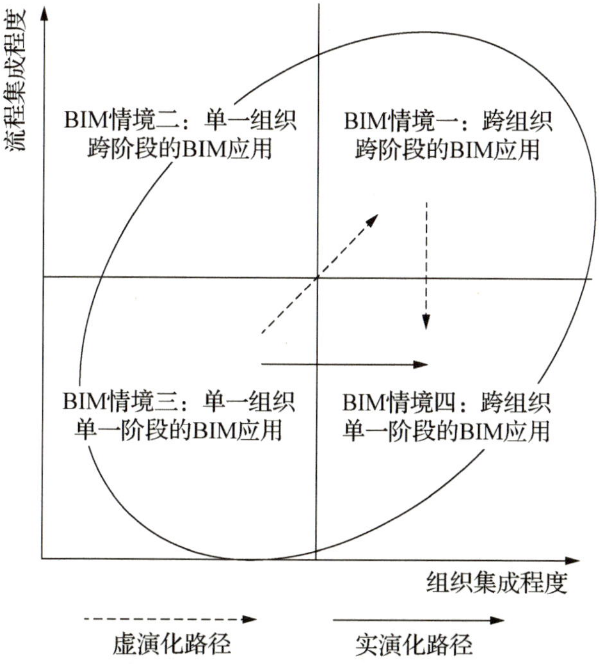

图 6.4　SHE 项目 BIM 情境的演化过程

本研究通过访谈分析发现，三个案例项目的 BIM 情境是动态变化的过程。从图 6.3～图 6.5 中发现，SHT 和 SHE 项目的 BIM 情境最终演化为情境四：跨组织单一阶段的 BIM 应用，而 SHO 项目的 BIM 情境最终演化为情境三：单一组织单一阶段的 BIM 应用。这与第 2 章文献综述中有关 BIM 情境的刻画截然不同。本研究将从 BIM 情境与跨组织关系相互作用的视角来对上述现象进行诠释。

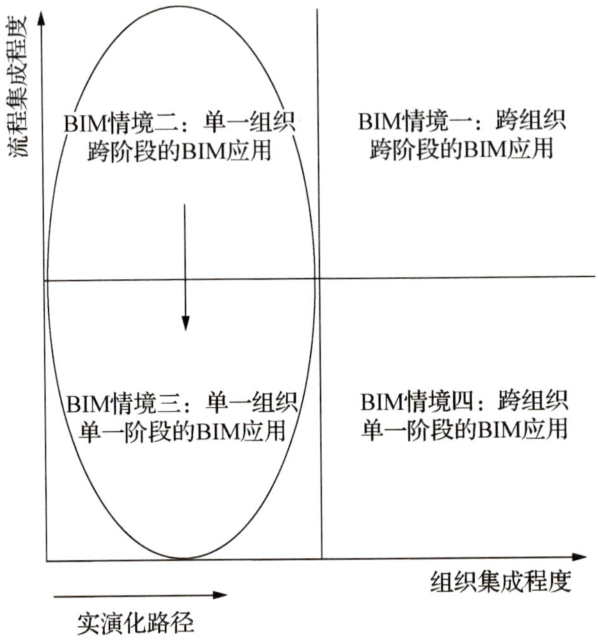

图 6.5　SHO 项目 BIM 情境的演化过程

6.3　数据编码分析

通过对访谈录音转录的文本进行内容分析，二次编码后抽取出参考点共计 3151 条，其中与本研究理论框架相关的参考点为 2893 条，占比 91.8%；分别从三个案例的参考点与研究理论框架相关的比例来看，SHE 项目占比 92.2%，SHT 项目占比 89.4%，SHO 项目占比 92.7%。根据 Taylor（2007）和 Dunteman（1989）的建议，代表了 80%～90%数据内容的变量可以视为关键变量。因此，本研究获得的访谈数据对理论框架中变量的支持度较高。针对 BIM 情境和跨组织关系的分析按照表 6-2 中所列的 14 个变量展开。

表 6-2　访谈内容对变量的反应程度

概念	构念	变量	SHE（n=1670）		SHT（n=616）		SHO（n=865）	
BIM 情境	BIM 应用	BIM 应用范围[①]	120	7.2%	47	7.6%	36	4.2%
		BIM 应用阶段[①]	24	1.5%	6	1.0%	13	1.5%
		BIM 应用技术[①]	38	2.3%	15	2.4%	9	1.0%
		BIM 应用组织	210	12.6%	61	9.9%	125	14.5%
	BIM 能力	组织集成程度	212	12.7%	37	6.0%	51	5.9%
		流程集成程度	153	9.2%	55	8.9%	94	10.9%
		技术兼容程度	39	2.3%	27	4.4%	3	0.2%
跨组织关系	正式关系	正式关系	206	12.3%	59	9.6%	102	11.8%
	非正式关系	非正式关系	192	11.5%	89	14.4%	152	17.6%
可能的解释性变量		BIM 应用动机	49	2.9%	20	3.2%	9	1.0%
		BIM 应用困难	202	12.1%	91	14.8%	141	16.3%
		BIM 投入	29	1.7%	7	1.2%	18	2.1%
		BIM 推动方式	32	1.9%	23	3.7%	39	4.5%
		BIM 应用价值	34	2.0%	14	2.3%	10	1.2%
其他			130	7.8%	65	10.6%	63	7.3%
合计			1670	100%	616	100%	865	100%

图例[②]：■ 最高比例　■ 第二高比例段　■ 第三高比例段　■ 第四高比例段

注：①BIM 应用范围、BIM 应用阶段及 BIM 应用技术相关问题为结构化设置，由访谈对象对预设好的答案进行勾选（分析内容详见表 6-5、表 6-6），在访谈过程中，大部分访谈对象会对所选内容进一步解释，因此在编码过程中仍然对三项内容进行编码。②本研究通过由深到浅的四种颜色来代表各个案例中占比重较高的变量。

要说明 BIM 情境和跨组织关系之间的相互作用关系，仅看表 6-2 中各列的数据无法诠释，还需要对各案例不同参与方对变量的反映程度及各案例关注度较高的变量进行交叉对比（表 6-3、表 6-4），找出其存在明显差异的方面，针对差异寻找并讨论可能的原因。在编码过程中，以访谈对象对访谈问题的完整性回答作为一个参考点与变量相映射，而不以访谈讨论内容的长短来决定参考点。同时，所有访谈均由同一研究者（即本书作者）基于事先准备的访谈提纲来提问，以确保所有访谈对象对问题理解的一致性，进而确保回答的效度。

基于此，本研究将从四个方面进行多案例比较分析：①BIM 情境对跨组织关系的作用；②跨组织关系对 BIM 情境的作用；③BIM 情境与跨组织关系的相互作用下的项目整体绩效；④与理论假设的匹配程度。从三个案例中发展出 BIM 情境和跨组织关系演化的基本模式，并对研究假设进行验证性分析，对差异之处进行讨论。

表 6-3 各案例不同参与方对变量的反映程度

单位：%

变量	SHE 项目				SHT 项目			SHO 项目		
	业主	设计方	总承包方	BIM 咨询方	业主	设计方	总承包方	业主	总承包方	BIM 监理方
BIM 应用范围①	8.5	8.2	7.3	7.4	5.2	11.2	8.4	4.1	4.5	4.7
BIM 应用阶段①	1.3	2.2	0.8	2.5	1.1	1.4	0.6	3.2	0.0	1.5
BIM 应用技术①	3.1	3.0	2.0	2.1	2.9	2.8	2.5	1.1	1.3	1.1
BIM 应用组织	13.9	10.0	14.4	18.5	11.8	12.6	8.4	13.0	14.0	19.7
组织集成程度	12.1	16.7	13.7	9.9	6.5	4.2	10.2	4.9	9.5	5.1
流程集成程度	8.5	11.7	9.1	9.9	11.8	7.9	10.8	13.0	12.3	9.9
技术兼容程度	0.9	2.2	3.3	2.9	2.4	7.0	4.8	0.7	0.0	0.4
正式关系	13.5	9.3	13.1	21.8	12.4	6.5	14.5	11.9	13.6	12.8
非正式关系	10.3	14.5	11.3	13.6	20.0	16.7	11.4	24.6	15.2	16.4
BIM 应用动机	2.2	3.5	3.9	1.6	3.5	3.7	3.6	1.1	1.6	0.7
BIM 应用困难	22.0	11.1	14.8	4.5	10.0	18.6	20.5	16.1	16.0	20.4
BIM 投入	0.5	2.4	2.4	0.8	1.8	1.4	0.6	1.8	3.7	1.5
BIM 推动方式	1.8	0.9	2.1	4.5	5.3	4.7	2.5	4.1	5.8	4.7
BIM 应用价值	1.4	4.3	1.8	0.0	5.3	1.3	1.2	0.4	2.5	1.1
图例②	（最深色）	最高比例	（深色）	第二高比例段	（中灰色）	第三高比例段	（浅灰色）	第四高比例段	（最浅色）	第五高比例段

注：①BIM 应用范围、BIM 应用阶段及 BIM 应用技术相关问题为结构化设置，由访谈对象对预设好的可能答案进行勾选（分析内容详见表 6-5、表 6-6），在访谈过程中，大部分访谈对象会对所选内容进一步解释，因此在编码过程中仍然对三项内容进行编码。②本研究通过由深到浅的五种颜色来代表各个案例中占比重较高的变量。

表 6-4　各案例比重较高的变量比较

（优先级按照各案例中变量对应参考点比例由高到低排序）

比较维度	比较内容 [业主：设计方：总承包方：BIM 咨询方：BIM 监理方]	
SHE 项目	1	BIM 应用组织[14:10:14:19:0]
	2	组织集成程度[12:17:14:10:0]
	3	流程集成程度[9:12:9:10:0]
	4	正式关系[13:9:13:22:0]
	5	非正式关系[10:15:11:14:0]
	6	BIM 应用困难[22:11:15:5:0]
SHT 项目	1	BIM 应用范围[5:11:8:0:0]
	2	BIM 应用组织[12:13:8:0:0]
	3	组织集成程度[6:4:10:0:0]
	4	流程集成程度[12:8:11:0:0]
	5	技术兼容程度[2:7:5:0:0]
	6	正式关系[12:7:14:0:0]
	7	非正式关系[20:17:11:0:0]
	8	BIM 应用困难[10:19:20:0:0]
SHO 项目	1	BIM 应用组织[13:0:14:0:20]
	2	组织集成程度[5:0:9:0:5]
	3	流程集成程度[13:0:12:0:10]
	4	正式关系[12:0:14:0:13]
	5	非正式关系[25:0:15:0:16]
	6	BIM 应用困难[16:0:16:0:20]
共同关注 [SHE；SHT；SHO]	1	BIM 应用组织[14:10:14:19:0；12:13:8:0:0；13:0:14:0:20]
	2	组织集成程度[12:17:14:10:0；6:4:10:0:0；5:0:9:0:5]
	3	流程集成程度[9:12:9:10:0；12:8:11:0:0；13:0:12:0:10]
	4	正式关系[20:17:11:0:0；12:7:14:0:0；12:0:14:0:13]
	5	非正式关系[10:15:11:14:0；20:17:11:0:0；25:0:15:0:16]
	6	BIM 应用困难[22:11:15:5:0；10:19:20:0:0；16:0:16:0:20]

表 6-5　BIM 应用范围和阶段

应用阶段	BIM 应用点	案例项目		
		SHE	SHT	SHO
项目策划阶段	环境建模分析	—	√	—
	场地分析	—	√	—
	建筑策划	—	—	—
	投资估算	—	—	—
	方案论证	—	√	—
项目设计阶段	可视化设计	3D 翻模	局部+3D 翻模	3D 翻模
	模型检查与优化	√	√	√
	性能分析	—	√	
	管线综合	√	√	√
项目施工阶段	工程量统计	√	√	—
	管线综合	√	√	√
	施工进度模拟	√	√	√（总进度模拟）
	施工组织模拟	√	√	√（局部模拟）
	虚拟建造	√	√	—
	物料跟踪	—	√	—
	施工现场配合	√	√	√
	竣工模型交付	√	√（有待完善）	√ （总承包方交付数字化楼宇模型； BIM 咨询方交付竣工模型）
项目运维阶段	运营维护计划	—	√（策划中）	√（有此打算）
	资产管理	—	√（策划中）	√（有此打算）
	空间管理	√	√（策划中）	√（有此打算）
	建筑系统分析	—	√（策划中）	—
	应急预案模拟	—	√（策划中）	—

表 6-6　各案例 BIM 应用组织与分工

案例项目	参与方	组织与分工					
		建模	基于模型分析与应用	模型维护与集成	模型审核	提供信息	其他
SHE	业主	—	—	—	—	提需求、协调	—
	设计方	√（设计阶段）	√	√（内部）	√（内部）	提供图纸	模型不共享
	总承包方	√（施工阶段）	√	√（集成分包模型）	√（审核分包模型）	√	—
	分包方	√（深化设计）	√			√	—
	BIM 咨询方	—	√	√	√	制定规则	—
SHT	业主	—	—	—	√（内部 BIM 团队负责）	提供标准、流程和需求	—
	设计方	√（初始建模）	√	√（内部）	√（内部）	提供图纸和模型	分享模型
	总承包方	√	√	√	√（审核分包模型）	—	信息录入
	分包方	√	√	√（内部）	√（内部）	—	信息录入
	BIM 咨询方	—	—	—	—	—	软件技术支持
SHO	业主	—	—	—	—	提需求、协调	—
	设计方	—	√（接受模型反映的问题修改图纸）	—	—	提供图纸	—
	总承包方	√（施工阶段+深化设计）	√	√	√	—	—
	分包方	—	—	—	—	提供图纸、专业经验	—
	BIM 咨询方	√（设计阶段）	—	√	√（内部）	制定标准、BIM 流程	分享模型
	BIM 监理方	—	—	—	√（审核 BIM 咨询方、总承包方）	—	—

6.4 研究发现

6.4.1 各案例共同关注点

从表 6-4 中发现，BIM 应用困难是三个案例中关注度最高的内容，这是在访谈过程中突显出来的变量，访谈对象谈到了较多关于 BIM 应用困难的话题。本研究进一步分析发现，主要的 BIM 应用困难在于组织障碍、流程障碍和技术障碍，如表 6-7 和表 6-8 所示。结合三个案例的 BIM 情境演化过程，可以发现，BIM 情境与跨组织关系存在着明显的互动关系。接下来，本研究将对 BIM 情境与跨组织关系的相互作用方式进行阐述，并验证本研究提出的理论假设。

表 6-7　各案例 BIM 应用困难

单位：%

应用困难	SHE 项目	SHT 项目	SHO 项目
组织障碍	43.10	16.46	48.9
流程障碍	18.80	24.20	29.8
技术障碍	15.83	25.30	4.97
政策、行业体制、标准障碍	13.36	15.37	6.38
其他	8.91	18.67	9.95
总计	100	100	100

表 6-8　各案例参与方 BIM 应用困难

单位：%

应用困难	SHE 项目				SHT 项目			SHO 项目		
	业主	设计方	总承包方	BIM 咨询方	业主	设计方	总承包方	业主	总承包方	BIM 监理方
组织障碍	22.46	47.10	56.0	9.09	41.20	17.50	2.91	54.30	59.0	37.50
流程障碍	18.38	25.48	12.12	45.5	11.76	30.00	23.53	26.09	30.75	32.14
技术障碍	24.49	7.83	17.58	0.00	29.41	32.5	14.71	8.73	2.56	3.57
政策、行业体制、标准障碍	26.50	11.75	7.70	9.09	5.88	10.00	26.50	2.18	2.56	12.50
其他障碍	8.17	7.84	6.60	36.32	11.75	10.00	32.35	8.70	5.13	14.29

6.4.2 BIM 情境对跨组织关系的作用

结合前述的关键概念界定与案例分析数据，本研究发现，BIM 情境的演化由组织集成程度和流程集成程度决定。而跨组织关系中，正式关系的形成由合同策略决定，非正式关系的形成则是个动态复杂的过程，尤其是伙伴关系的形成。在分析 BIM 情境对跨组织关系的作用方式过程中，本研究将以 BIM 情境的组织及流程、沟通方式、问题解决方式作为主要的作用连接点进行阐述。

1. BIM 情境的组织和及流程

（1）BIM 情境的组织。

① BIM 专业团队。

分析发现 BIM 情境会引起对 BIM 专业团队的需求。对 BIM 专业团队的需求主要源自对 BIM 技术的认知不成熟。BIM 专业团队的主要工作包括：BIM 实施规划、管理、建模及功能分析等。上述工作内容从本质上可分为三个层次：BIM 管理、BIM 建模和 BIM 应用。其中 BIM 管理是对项目 BIM 工作的总体规划和实施管理，是后续建模及应用的框架和保障；BIM 建模是后续 BIM 应用的基础，直接决定了后续 BIM 应用的效果。BIM 建模主要有两种方式：设计师直接做 BIM 设计和非设计师做 3D 建模。显然设计师直接做 BIM 设计能时刻保证 BIM 模型的有效性和一致性，为后续 BIM 应用提供更稳固的基础。

专业团队的组织方式主要有两种：组建内部团队和外包。其中外包有两个层次：一是劳务外包，自己负责管理；二是整个 BIM 任务外包给专业公司来承担，外包单位受委托方委托，代表委托方的利益。本研究发现对项目跨组织关系影响较大的是业主雇佣的 BIM 咨询方或 BIM 监理方的组织管理，其提出的规则都通过业主与设计方和总承包方签订的合同要求各参与方来跟进满足，如表 6-9 所示。

表 6-9 BIM 咨询方或 BIM 监理方对各参与方提出规则的情况

项目	参与方	规则提出与跟进情况
SHE 项目	业主	“施工方的话，工作界面很多，有结构的、有建筑的、有机电的、有幕墙的、有屋面的，他们各专业间到底是一个怎么样的工作状态我们是通过 BIM 咨询给他们建立了一个标准”
	设计方	“施工图阶段有 BIM 顾问在，BIM 顾问有约束，他对软件有要求，用什么样的软件，提供什么格式文件。”
	总承包方	“业主请了一家咨询公司……发了两个版本的 BIM 的要求和细则，对提交模型的精度、建模的进度，最后达到物业运维的要求，他都提了很多要求”
SHT 项目	业主	“那么针对这个 BIM 的技术要求，我们基本上是分成了三大类，一个是基本的要求，就是说当你这个投标中标之后，你就一定要做 BIM，这个是确定死的，接下来怎么做，我们会有一个大致性的要求，比如说你在你的合同的工作界面范围内，你要创建并且维护 BIM 模型，就是类似这些基本性的要求，就是你要成立一个专业的团队，然后你要在专业团队去做一些分内的事情，比如说你要去做，很常见的错漏缝缺的检查，然后施工模拟，然后施工预演”
	设计方	“我们的合约是没有（BIM 要求）的，但是我们以后的合约，施工的合约，他大部分都会有了（BIM 应用要求）”
	总承包方	“但实际上因为没有标准的东西和规范的东西来约束这些条款，相对比较笼统”“因为业主提供了法律依据，就是合同……然后总承包方根据这个合同传达下去，叫分包在合同里完善这些条款。”
SHO 项目	业主	“BIM 咨询了解了我们的大体需求后协助我们编制标准……他要执行这个标准，这个标准会随着项目的推进不断的完善……BIM 咨询就依据这个标准来建模。”
	BIM 监理方	“业主现在对监理的验收要求是最后以交付数字楼宇的技术标准来验收的”“Revit 和 Navisworks 他们（BIM 咨询方）指定了这两个软件。”
	总承包方	“业主请BIM咨询做了一个标准和导则……这些标准对模型的精度和建立的流程进行了规定（我们都按这个执行）。”

目前在我国 BIM 技术发展情况下，大多数建筑企业刚进入 BIM 领域，缺乏 BIM 应用经验，BIM 认知水平较低。因此，一般采用 BIM 外包的方式来满足业主的需求，外包团队已熟悉 BIM 能做什么、怎么做，以及如何为委托方实现相关需求。

② 对各参与方间信任的影响。

表 6-6 BIM 应用组织及分工情况表明，三个案例中无论各参与方间是否共享模型信息，设计方与总承包方两大关键参与方均会建立各自的模型。虽然各方均在应用 BIM 技术，但并未促进各参与方间的相互信任，反而对各自建立的 BIM 模型存在明显的不信任。

“他们不信任我们的模型，我们也不信任他们的模型”——SHT 项目设计方；

“我们从设计院拿过来的模型，跟我们后期拿到的施工图差距挺大的，我们只沿用了他们的轴网跟标高，基本上是我们重新建的”——SHT 项目总承包方；

“咨询方建立的模型我们发现用不了”——SHO 项目总承包方。

进一步分析发现，建设项目各参与方不信任其他参与方共享的 BIM 模型，即参与方均认为共享的 BIM 模型与实际设计不完全一致。而引起不一致的原因是共享的 BIM 模型并非全部由设计师通过 BIM 设计软件生成，甚至大部分模型是由非设计师将 2D 图纸进行 3D 翻模形成。正是由于翻模与设计之间的差异造成共享模型与实际设计之间的不一致，进而导致各参与方之间的不信任。

因此，可推论当不能保证所有专业均由设计师通过 BIM 设计软件进行设计工作时，会阻碍各参与方之间形成相互信任的氛围，即**BIM 情境中 BIM 应用的 BIM 设计（非 3D 翻模）是影响跨组织关系之非正式关系信任的重要因素。**

③ 对各参与方责权利的影响。

BIM 情境下为建设项目和项目各参与方带来了新的组织和岗位，但各参与方间的责权利并没有因为 BIM 应用而改变，合同关系仍然用传统的合同惯例来定义，如表 6-10 所示。

表 6-10 BIM 情境对各参与方责权利的影响

项目	参与方	责权利的影响
SHE项目	业主	“好像没有单独因为 BIM 这件事情去想改变各方的职责，……还是希望大家在这个项目上对 BIM 有一个了解，不希望它改变太多人的工作习惯，因为这种改变一定会对项目的推进带来影响。”
	设计方	“目前没有（工作职责的变化），还是很传统的一些像这样对事情的要求还是一些很传统的。”
	总承包方	“这个（工作职责变化）实际上是没有感觉到，因为一开始合同里面都明确了。” “工作的职责，其他部门的话改变不大，只能说在这个项目上相当于增加了一个部门。”
SHT项目	业主	“我们也不会说因为我们是业主，就提一些非分的要求，我们的这些 BIM 团队，他们也很聪明的呀，当我们提出来一些其他的要求的话，他们也会拿合同条款来压我们的，这不在我们的合同条款范围内，我们就可以不做的呀，那这种情况下，我们也就要尊重他们的说法，我不能说再硬逼着他去做，或者，你得想别的办法。”
	设计方	“这个我可以明确的这样讲，业主方不做的话，我们各做各的，我的模型也不会交给下一步的，我交给他，他要给我钱的”“（我们的工作职责）不会有太多的变化”。
	总承包方	“其实也没有太多不太一样的地方，无非就是我们这边的专业更多，系统更复杂一点”“管理方式也没有太大的变化”。
SHO项目	业主	“这个钱是不在合同范围内的，他早晚会跟我要的，说白了，我要他就按这个模型做，他不肯，这个事情僵在那里。”
	BIM监理方	“我这个困难是因为要总承包方提供模型，他认为，这个费用没谈好，我这个没法交。”
	总承包方	“（图纸中有问题）按图施工做完，我们总承包方……说我们也水平有限，我也有些问题看不出来啊，那最终就按照合同处理啊，你返工是谁的责任就谁（承担）”“因为现在我花钱（在 BIM 应用）都花出去了，现在跟业主也没法谈了，最后我们只能到交的时候再说。”

综上所述，要充分发挥 BIM 的潜力，就要从源头由设计人员通过 BIM 建模软件进行专业设计，管理人员通过一系列标准规范对各参与方间的 BIM 应用进行协调，并通过基于 BIM 的管理软件维护

BIM在不同阶段不同参与方间的管理信息。**BIM情境下，BIM专业团队无论是自组还是外包，均对跨组织关系的合同关系和信任没有本质影响，但各参与方间的沟通方式发生了变化，增加了基于模型的沟通渠道。这个沟通渠道利用的好坏，将直接影响建设项目各参与方间的彼此信任。**

（2）BIM情境的流程。

三个案例的BIM团队与工程管理团队的工作流程是平行的，甚至是割裂和离散的，其沟通机制中业主仍然处于"枢纽"地位（图6.6～图6.8），且由于主要采用3D翻模方式建模，并通过模型开展相关应用，相对无BIM应用的项目，反而增加了设计师与BIM工程师沟通的环节和反馈的时间，甚至对跨组织合作起负面作用。例如，SHO项目，设计方不采用BIM技术，由BIM咨询方通过对设计成果进行BIM模型化，进行设计错漏碰缺检查，并由BIM监理方对BIM咨询方的成果进行审核。在这一过程中，业主、总承包方和BIM咨询方都反映出与设计方的沟通有较大的障碍和困难，更谈不上合作。设计方也表示作为BIM被动实施方，BIM的应用没有对其工作带来帮助，反而增加了设计人员额外的工作量。

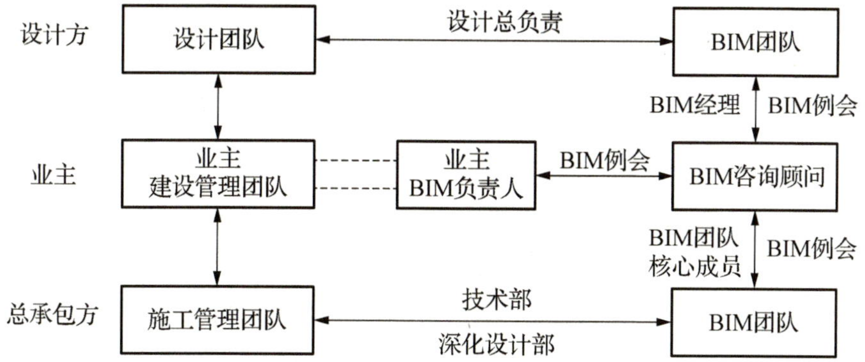

图6.6　SHE项目组织与协调机制图

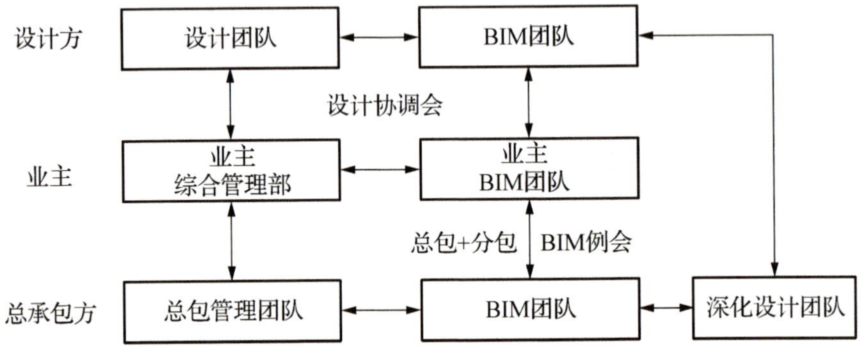

图 6.7　SHT 项目组织与协调机制图

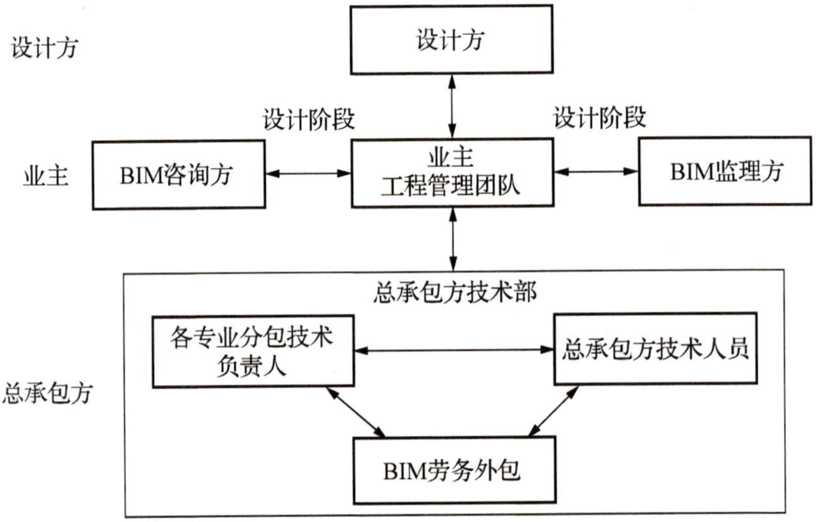

图 6.8　SHO 项目组织与协调机制图

由案例访谈数据分析得知，在 BIM 情境下，各参与方使用 BIM 模型辅助信息沟通，理论上只要保持 BIM 模型的动态准确性，将大大改善各参与方信息沟通的质量和效率。但由于目前 3D 翻模的应用模式增加了信息沟通的环节，各参与方信息沟通的质量和效率与 BIM 模型的质量呈正相关关系。

综上可知，三个案例的组织和流程仍属于传统模式，虽然增加了基于 BIM 模型的信息沟通手段，但由于设计与施工仍为割裂的两个阶段，各参与方间的合同关系相对传统模式没有变化。因此推论出三个案例的组织和流程集成程度低，BIM 情境并没有对项目各参与方间的合同关系产生影响，也没有促进各项目关键参与方间的信任关系。建设项目跨组织 BIM 应用需要各参与方的协同，使得各参与方寻求更多的沟通机会，但由于项目各参与方间的组织和流程集成程度低，BIM 应用仍以各参与方组织内应用为主。虽然有业主或 BIM 咨询方从总体上把关 BIM 建模的要求和标准，但由于 BIM 并没有真正用于设计过程和出图，即使花费大量额外的精力去检查 BIM 模型的准确性，也无法保证 BIM 模型的质量。低质量的 BIM 模型阻碍了跨组织间的合作，使得各参与方间互不信任，进而更加凸显了组织的问题。例如，SHO 项目的关键参与方之一——设计方没有参与到 BIM 应用过程中，甚至导致 BIM 情境下项目各参与方间的对立关系愈加凸显。

“我反馈（碰撞检查报告）给设计院，他基本上就看看……对于管线方面，他并不是很认可，跟设计院的交流在 BIM 应用上有一定障碍……导致最后设计院抗拒 BIM 咨询顾问，总包也抗拒 BIM 咨询顾问。”——SHO 项目业主

“设计院比较牛，我们现在跟他沟通都非常困难，业主跟他沟通都非常困难，不要说 BIM 顾问去跟他沟通，那是完全没有可能的事情，所以发现的问题他们都不改。”——SHO 项目总承包方

“设计方对 BIM 咨询方提供的意见和建议根本不予理睬，他们很强势，说会统一出变更，不会根据 BIM（发现的问题）做相应的修改。”——SHO 项目 BIM 监理

2. 沟通方式

业主要求应用 BIM 能促使组织间的沟通需要的提高。项目应用 BIM 后，无论应用的程度如何，在单一组织内或跨组织间均增加了

基于 BIM 的沟通方式，如 BIM 方面的会议、讨论及 BIM 专用的信息管理平台等，如表 6-11 所示。

表 6-11 BIM 情境对跨组织沟通的需求

项目	参与方	跨组织沟通的需求
SHE 项目	业主	“有可能我合同里面有约定，但是业主这边不只是我们处在推，我们又专门派了人员来整个负责 BIM 的推进工作，然后每周他们有 BIM 的例会，如果没有这些措施的话，那可能合同约定就是一张白纸。”
	设计方	“每周开会，然后把提供的成果然后上传给一个平台，方便大家都可以看得到。” “我们现在每周都有例会，业主也会指派一个人过来，每周都开个会的话也是一种方法吧。”
	总承包方	“目前 BIM 工作，每周一下午 1:30 有个项目上的例会，业主、设计方、BIM 咨询单位、总承包方，包括下面的分包。” “还有一个 BIM 管理平台，现在是要求每个月提交一次模型的进展和成果的应用，也就是说大家每个月提交一次，BIM 顾问审核一次，如果通过了，他就提交给业主，如果达不到要求，他就给你返回来。” “（那你们也用 QQ 来进行沟通？）对，都有 QQ 群……BIM 相关的。”
SHT 项目	业主	“随着我们的协同管理平台的变动，我们在 BIM 的技术要求里面进行了调整，凡是进来的分包单位的 BIM 团队，我们第一要检查他是不是有这么一个专门的 BIM 团队在做这个事情，第二个我们要检查他们的工作计划，第三个我们就会给他们一个客户端和一个账号，把他们纳入到我们的协同管理平台里面去，同时规定要按照业主和总承包方的相关要求，更多地是按照业主的要求，不定期的将 BIM 的成果上传到项目的管理平台里面去。”
	设计方	“我们并不是跟设计人员一起坐在一个电脑面前来工作，而是我们先做一部分工作，然后碰到的问题我们可能会固定一周里面两天的时间，我们再来共同的去解决这些问题”“最早使用的是 buzzsaw，我们甚至给上海建工开通了 buzzsaw，但这个 buzzsaw 实际上它的管理功能很弱的，它基本上是一个高级的 FTP。”
	总承包方	“我们的沟通还是主要以 vault（平台）为主……如果电话、Email 能解决的话，我们在（vault）流程里肯定能解决掉的。只有当流程里不能解决的，或者大家相互之间有需要当面讨论的这种情况，我们才会在线下召开这样一次会议。那么其实还是把 Email、电话整合到流程里面去了，我们线下见面不是一个固定的时间。”

续表

项目	参与方	跨组织沟通的需求
SHO 项目	业主	“我们也不是说不参与，每个月也开会，了解一下他们在干什么，做了什么事情，有没有根据我们合同的要求做，也会去了解一下” “每周二我们有设计例会、设计协调会，他们在会上会用这个（BIM）技术去展示一些设计上的问题，这个沟通效率可能是比以前看图纸好一点。”
	BIM 监理方	“这个碰撞问题提出以后，过程当中讨论，设计、施工、业主、我们参与讨论。把相应的问题清楚的报告给设计，之后出变更，我们在这个基础上指导我们现场的检查验收。”
	总承包方	“比如设计协调会的时候我就用我的这个工具去展示。” “因为我们建的模型如果有发现问题，会在设计例会上提……有一些是需要开设计专题会来解决，还有一些会比如说月例会需要用到 BIM 来展示的，我们就把电脑搬过去，需要用三维交底的话就把模型展示出来，我觉得 BIM 运用最多的还是三维交流。”

表 6-12 对三个案例在访谈过程中提到的沟通方式进行分析发现，三个案例采用了多元化的沟通方式。其不但采用例会这类正式的方式作为主要的沟通渠道，还采用了非正式沟通渠道作为辅助，例如电话、即时沟通技术（QQ、飞信、MSN 等）等方式，这象征着基于网络的信息技术在建设项目应用的普及。SHE 项目采用即时沟通软件的程度较高，但对访谈内容进一步分析发现，这仅限于各参与方的 BIM 团队间的交流。例如：

“我们有哪些改的话我们通知他们，（通过）QQ 群跟他们讲。”——SHE 项目设计方

“（我们）都有 QQ 群，BIM 相关的（所有参与方都在一起）。”——SHE 项目总承包方

“（我们）有 QQ 群，会在当中有问题也会直接沟通。”——SHE 项目 BIM 咨询

表 6-12　各案例沟通方式

单位：%

沟通方式	SHE 项目	SHT 项目	SHO 项目
例会	37.5	38.5	44.0
基于模型	0.0	23.1	36.0
即时沟通软件	25.0	7.7	4.0
信息管理平台	33.3	15.3	8.0
业主协调	4.2	7.7	0.0
电话	0.0	0.0	4.0
邮件	0.0	7.7	4.0
合计	100	100	100

由前述分析可知各参与方内部的 BIM 团队与项目团队在组织和流程的集成程度低，BIM 团队间非正式沟通渠道的采用，并没有促进项目各参与方跨组织关系。SHT 和 SHO 项目中谈到基于模型的沟通方式也较多，如表 6-13 所示，SHT 项目设计方采用基于模型和例会的方式进行沟通；SHO 项目的总承包方采用基于模型的方式进行沟通。进一步分析发现：基于模型的沟通一是用于设计方内部的讨论，二是用于例会上的讨论以及向业主汇报，三是用于总承包方与业主、设计方就设计问题的沟通。例如：

“跟院内各个设计师之间开会，也会用到（模型）。跟业主汇报也会用到（模型）。很多时候开会就直接用 Revit 模型。可能正式的汇报也会用到 Revit 模型，还有一些辅助的像 Word 文档，PPT，都会用到的，Navisworks 也会用到。”——SHT 项目设计方

“现在我只是在过程中有问题要展示的时候我们更有说服力，我们就用这个（模型）来告诉设计院你要解决哪些问题，只是通过这个（模型）跟他沟通。”——SHO 项目总承包方

表 6-13 各参与方沟通方式

单位：%

沟通方式	SHE 项目				SHT 项目			SHO 项目		
	业主	设计方	总承包方	BIM 咨询方	业主	设计方	总承包方	业主	总承包方	BIM 监理方
电话	0.0	0.0	0.0	0.0	0.0	0.0	0.0	11.1	0.0	0.0
基于模型	0.0	0.0	0.0	0.0	0.0	37.5	0.0	0.0	66.7	25.0
即时沟通软件	20.0	40.0	20.0	25.0	25.0	0.0	0.0	11.1	0.0	0.0
例会	40.0	40.0	50.0	0.0	25.0	37.5	100.0	66.7	33.3	25.0
信息管理平台	40.0	20.0	30.0	50.0	50.0	0.0	0.0	11.1	0.0	25.0
业主协调	0.0	0.0	0.0	25.0	0.0	12.5	0.0	0.0	0.0	0.0
邮件	0.0	0.0	0.0	0.0	0.0	12.5	0.0	0.0	0.0	25.0
合计	100	100	100	100	100	100	100	100	100	100

在 BIM 情境下，建设项目各参与方的沟通方式具有多元化特征，表 6-13 也对这一观点进行了支持，但对于 BIM 情境对跨组织关系带来正向作用的假设，没有获得指向性的证据来支持。

通过沟通方式的分析发现，BIM 情境带来了新的沟通方式和工具，提高了项目各参与方间的沟通效率。基于模型进行组织内沟通方式时，项目各关键参与方仍然采用正式的沟通方式为主；基于模型进行组织间沟通的方式时，其作为正式沟通方式的辅助，仍以正式的沟通方式为主。无论采用何种沟通方式，在组织和流程集成程度低的 BIM 情境下，正式的沟通方式都将占据主导地位，缺乏形成集成化的合同关系的基础，更难以形成信任的合作关系。

3. 问题解决方式

表 6-14 和表 6-15 数据表明，SHE 项目的问题解决方式以非正式渠道为主，SHT 项目和 SHO 项目以正式渠道为主，尤其是 SHO 项目。通过对访谈内容的进一步分析发现，SHE 项目和 SHT 项目非正式渠道解决的问题主要为没有利益冲突和不影响项目进展的问题为主，反之则要采用正式渠道进行解决。而 SHO 项目则大部分问题均

是要通过正式渠道解决，如由业主方上海项目公司开会决策。本研究认为可能的原因在于：①政府投资项目通常以进度为主要目标，且社会关注度高，当出现问题时，项目各参与方会首先以项目目标为第一考虑要素，寻求利益损失最小化的解决方案。而国有企业投资项目虽然也以进度为主要目标，但其受社会关注度较小，当出现问题时，项目各参与方仍以合同约定为问题解决手段，寻求自身利益最大化的解决方案。②根据前述分析，SHO 项目的 BIM 情境下，各参与方间缺乏合作，对立关系明显，各参与方都不愿意通过非正式渠道进行沟通，问题产生后按照合同进行解决。因此正式渠道成为其主要的问题解决方式。三个案例的问题解决方式表明，组织和流程的集成程度低的 BIM 情境会对跨组织的非正式关系带来负面影响，不利于各参与方间的信任的产生，甚至会导致传统的对立关系凸显。

表 6-14　各案例问题解决方式

单位：%

问题解决方式	SHE 项目	SHT 项目	SHO 项目
非正式渠道	60.0	46.2	9.7
正式渠道	40.0	53.8	90.3
合计	100	100	100

表 6-15　各参与方问题解决方式

单位：%

问题解决方式	SHE 项目				SHT 项目			SHO 项目		
	业主方	设计方	总承包方	BIM 咨询方	业主	设计方	总承包方	业主	总承包方	BIM 监理方
正式渠道	50.0	0.0	41.7	40.0	100.0	60.0	42.9	80.0	87.5	100.0
非正式渠道	50.0	100.0	58.3	60.0	0.0	40.0	57.1	20.0	12.5	0.0
合计	100	100	100	100	100	100	100	100	100	100

综上所述，三个案例都在建设项目的不同阶段和不同参与方中有着不同的 BIM 应用范围。但从分析结果看，BIM 应用并没有对建

设项目各参与方的合同关系以及信任产生影响。BIM 能够增强设计方与总承包方的竞争优势，但没有证据表明其市场地位得到提升。而在三个案例的 BIM 情境，即跨组织单一阶段的 BIM 应用和单一组织单一阶段的 BIM 应用的情境下，项目的组织和流程集成程度低，建设项目各参与方的跨组织关系仍然由传统的合同惯例来约定，难以形成风险共担利益共享的集成化交付合同模式。对于政府投资项目，非正式关系中的信任可以通过共同目标和提高非正式沟通来维系；对于国有企业投资项目，在低集成度的环境下，各参与方仍然通过正式沟通来维系合同关系，难以形成信任的跨组织合作关系。**因此，本研究发现，BIM 情境下，组织集成和流程集成的程度，会对项目的沟通方式和问题解决方式产生直接的影响，并通过沟通方式及问题解决方式多样化的程度间接影响跨组织关系的信任，但对各参与方的市场地位影响较小；BIM 应用在目前 BIM 技术发展情况下，不会对跨组织关系的合同关系和市场地位产生影响，但会影响跨组织关系的信任。**集成度较低的 BIM 情境下，建设项目各参与方更倾向于正式的沟通方式和问题解决方式，而对合同关系不受影响，但会对信任关系产生负面影响；在集成度高的 BIM 情境下，设计师进行 BIM 设计及集成不同专业的 BIM 设计，有利于各参与方间形成信任关系，本研究上述的 BIM 情境对跨组织关系的作用方式如图 6.9 所示。

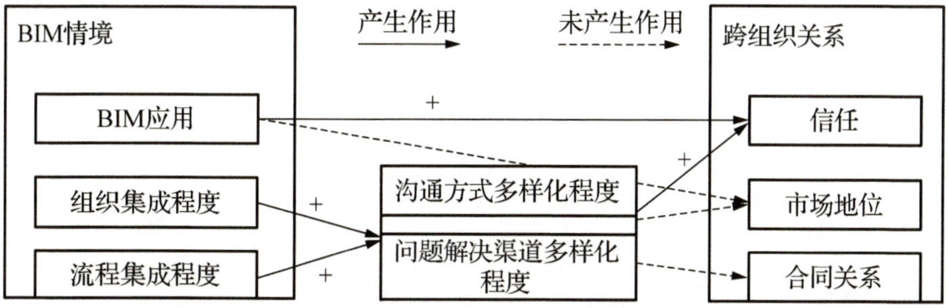

图 6.9　BIM 情境对跨组织关系的作用方式

6.4.3 跨组织关系对 BIM 情境的作用

目前，国内的建设项目仍以设计—招标—施工的承发包模式为主，合同是业主与建设项目各参与方的主要关系纽带，而设计方与总承包方的关系纽带则是建设项目设计与施工活动间业务相互依赖。在分析跨组织关系对 BIM 情境的作用过程中，本研究将以承发包模式、模型共享交互程度、市场地位及 BIM 推动方式等作为主要的作用连接点进行阐述。

1. 承发包模式

从三个案例与合同的相关访谈问题的回答中发现，项目关键参与方间仍然采用传统的设计—招标—施工的承发包模式，即业主与设计方、业主与总承包方是直接的合同关系，设计方与总承包方是基于工作的协调关系。通过收集的三个案例合同文件发现，业主与总承包方签订的合同文件中以不同方式提出了对采用 BIM 的要求，如表 6-16 所示。三个案例均对总承包方在施工阶段的 BIM 应用提出了合同要求，而对另一关键参与方——设计方有关 BIM 应用的相关条款却较为笼统，仅在招标文件中提及，在合同中没有具体的要求。在此承发包模式下，项目各参与方间的合同关系没有发生变化，各方的职责没有本质上变化，业主也没有相应的激励机制，项目各参与方间的组织和流程难以集成，最终形成了跨组织单一阶段 BIM 应用和单一组织单一阶段 BIM 应用的情境。**本研究认为设计与施工割裂的承发包模式不利于 BIM 应用的推广，阻碍了 BIM 应用组织和流程的集成，难以实现集成化的 BIM 情境。**

表 6-16 合同中对关键参与方采用 BIM 的要求

合同情况		SHE 项目	SHT 项目	SHO 项目
合同类型	业主与设计方	总价合同	总价合同	总价合同
	业主与总承包方	单价合同	单价合同	单价合同

续表

合同情况		SHE 项目	SHT 项目	SHO 项目
合同中 BIM 要求	对象	总承包方	总承包方	总承包方
	形式	合同附件——BIM 工作协议	工料规范——技术要求——BIM 要求	合同附件——BIM 工作范围及技术标准
	签署情况	合同签署后	随合同签署	随合同签署
	组织措施	BIM 管理委员会/联合工作小组	总承包方提供满足要求的 BIM 团队	业主 BIM 团队 总承包方 BIM 团队 专业工程参与方 BIM 团队
	工作机制	工作例会+技术交流	BIM 工作会议	无
	工作范围	施工阶段建模及应用	创建、维护施工阶段的模型，并协调集成各专业 BIM 数据	复核设计阶段提供的模型，完善施工阶段模型
	激励措施	无	无	无

2. 模型交互共享程度

三个案例的调研结果表明（表 6-17），SHE 项目和 SHT 项目的设计方和总承包方都有过合作经历，SHO 项目的各参与方是第一次合作。但关于未来合作意愿的回答，无论有没有合作的经验，业主都倾向于依据能力选择设计方、总承包方，而设计方和总承包方则无一例外都愿意以后继续合作应用 BIM。但同时也发现，项目各个参与方间模型信息共享交互程度低，尤其是设计方与总承包方间的模型信息共享交互方面，即使 SHT 项目和 SHO 项目的总承包方都接收到了设计阶段的 BIM 模型，但由于设计阶段模型与实际设计不完全一致，设计阶段模型实际上并未在施工阶段进行共享与交互。而模型信息共享交互程度也反映了 BIM 情境的集成程度，因此，信任并没有对 BIM 情境产生积极影响。

表 6-17　各案例合作关系与模型交互共享程度对比

案例	合作关系	模型信息交互共享程度	未来合作意向	
			业主	其他参与方
SHE 项目	合作过	低	依据能力选择	愿意继续合作
SHT 项目	合作过	低	依据能力选择	愿意继续合作
SHO 项目	首次合作	低	依据能力选择	愿意继续合作

3. 市场地位

跨组织关系中对 BIM 情境具有潜在影响的是参与方的市场地位，尤其是业主的市场影响力，政府投资项目一般具有极高品牌效应，尤其是示范工程或地标性建筑，这类项目业主具有极高的市场影响力，而国有企业投资项目业主的市场影响力较弱（表 6-18、表 6-19）。

表 6-18　各案例关键参与方市场影响力对比

案例	业主	设计方	总承包方
SHE 项目	高	高	高
SHT 项目	高	高	高
SHO 项目	低	高	高

表 6-19　各参与方市场地位对 BIM 情境的影响

案例	参与方	市场地位对 BIM 情境的影响
SHE 项目	业主	“我们决定使用 BIM 之后，在招标文件、合同文件里面都有相应的约定，但是这个约定最终能够执行到什么样的程度，会不会打折扣，这就全靠业主的力度了。”
	设计方	“既然招标要求中有提到用 BIM 的话，如果你来投标就肯定需要按照业主要求，所以合同中要体现使用 BIM。另外从设计本身来说的话，这个项目也是非常复杂，而且是一个重点项目，可以说是我们院的一个品牌项目。”
	总承包方	“上海市政府对这个项目想把它列为一个上海市政府的 BIM 应用项目。”

续表

案例	参与方	市场地位对 BIM 情境的影响
SHT 项目	业主	“公司领导提这个项目一定要上 BIM，不上 BIM 不要来投标。”
	设计方	“业主要求必须要有 BIM 模型来参与投标，否则就一票否决，没有投标资格。”
	总承包方	“据我所知好多项目上，业主都拿这个（BIM）来要求施工方，你要来投标，报价报得很低的，他（业主）准许报 BIM 价格，但报价低的相当于送。”
SHO 项目	业主	“我们这个项目用 BIM 是有一些问题的，最直接的是设计院，他也是全国名列前茅的设计院，他认为 BIM 咨询的模型发现的碰撞并不能全面接受，我反馈给设计院，设计院基本也就是看一看。”
	BIM 监理方	“因为业主自己有一个项目管理团队，但是由于经验上欠缺，需要我们来给他提供项目管理技术支撑。困难在于总承包方提供模型，他（总承包方）认为这个（BIM）费用没谈好，这个（模型）没法提供。”
	总承包方	“设计院比较牛，我们现在跟他沟通都非常困难，业主跟他沟通都非常困难，不要说 BIM 顾问去跟他沟通，那是完全没有可能的事情，所以发现的问题他们都不改。”

市场影响力高的参与方（SHE 项目和 SHT 项目）要求在项目过程中采用 BIM。在合同约束下，项目其他参与方响应程度较高，虽然促进了项目的 BIM 应用，但其 BIM 应用均服务于各自的专业工作，模型信息交互共享程度低。而在 SHO 项目中，业主的市场影响力较弱，设计方与总承包方的市场影响力较强，业主提出的 BIM 应用要求，在没有合同约束的情况下，设计方对 BIM 应用持抵触态度，总承包方则在合同措施下进行响应，但其 BIM 应用仅服务于自身的专业工作。由此可知，合同关系能促进项目的 BIM 应用，市场影响力高能够促进项目 BIM 应用，但对 BIM 能力的提升有限。

4. BIM 推动方式

通过表 6-20 和表 6-21 数据表明，三个案例在 BIM 推动方式上有着各自的特点，不同参与方对 BIM 推动方式的看法也各不相同，这从另一个角度反映出各参与方的跨组织关系对 BIM 情境的作用方式，项目各参与方具有 BIM 知识，但各参与方间缺乏信任的伙伴关系时，通常会寻求正式的方式来推动 BIM 应用，例如业主通过开会（SHE 项目）和签订合同（SHO 项目）方式提出正式要求。而项目各参与方都是首次接触 BIM，BIM 技术认知和人力资源相对匮乏的情况下（SHT 项目），业主的市场影响力较高，业主可以通过加强沟通和引导的方式促进 BIM 应用。总承包方愿意参与 BIM 应用则是体验到了 BIM 为其带来的效益（SHT 项目和 SHO 项目）。跨组织关系的研究表明，正式的推动方式具有强制性，能有效推进 BIM 应用。

表 6-20 各案例 BIM 推动方式比较

单位：%

BIM 推动方式	SHE 项目	SHT 项目	SHO 项目
BIM 管理平台	2.9	3.4	0.0
业主通过开会提出正式要求	38.2	0.0	15.8
成立 BIM 管理协调团队	11.8	6.9	2.6
高层领导支持、内部要求及培训	5.9	6.9	15.8
合同措施	14.7	27.6	23.7
加强沟通与引导	17.6	34.5	2.6
聘请 BIM 咨询	5.9	0.0	7.9
体验 BIM 应用价值	0.0	17.2	23.7
制定标准规范	2.9	3.4	7.9

表 6-21 各案例参与方 BIM 推动方式对比

单位：%

BIM 推动方式	SHE 项目				SHT 项目			SHO 项目		
	业主	设计方	总承包方	BIM 咨询方	业主	设计方	总承包方	业主	总承包方	BIM 监理方
BIM 管理平台	0.0	0.0	8.3	0.0	0.0	0.0	20.0	0.0	0.0	0.0
BIM 相关例会	40.0	50.0	41.7	30.8	0.0	0.0	0.0	0.0	7.7	45.5
BIM 管理协调团队	20.0	0.0	8.3	15.4	0.0	15.4	0.0	0.0	7.7	0.0

续表

BIM 推动方式	SHE 项目				SHT 项目			SHO 项目		
	业主	设计方	总承包方	BIM 咨询方	业主	设计方	总承包方	业主	总承包方	BIM 监理方
高层领导支持 内部要求及培训	0.0	0.0	16.7	0.0	0.0	15.4	0.0	0.0	30.8	18.2
合同措施	20.0	25.0	16.7	7.7	27.3	30.8	20.0	57.1	0.0	9.1
加强沟通与引导	20.0	0.0	0.0	38.5	54.5	30.8	0.0	7.1	0.0	0.0
聘请 BIM 咨询	0.0	25.0	0.0	7.7	0.0	0.0	0.0	0.0	7.7	18.2
体验BIM应用价值	0.0	0.0	0.0	0.0	18.2	7.7	40.0	21.4	38.5	9.1
制定标准规范	0.0	0.0	8.3	0.0	0.0	0.0	20.0	14.3	7.7	0.0

综上所述，现有的承发包模式下，各参与方仍然是基于合同来执行各自的工作，通过合同关系可以让项目各参与方响应 BIM 应用要求。但在集成程度较低的 BIM 情境下，各参与方的 BIM 应用仅限于辅助各参与方的内部工作，各参与方间的 BIM 模型信息共享和交换程度低，难以为整个项目系统服务，且主要通过正式渠道推动 BIM 应用，没有促进 BIM 能力的提升。即使各参与方间有合作的经历和信任，却没有对 BIM 的组织和流程集成程度产生作用。而市场地位高的参与方能够促进 BIM 应用，但没有发现其对项目 BIM 能力的提升作用。在上述跨组织关系的作用下，BIM 情境向集成化程度低的方向演进，主要体现为跨组织单一阶段的 BIM 应用和单一组织单一阶段的 BIM 应用。

跨组织关系对 BIM 情境的作用方式如图 6.10 所示，跨组织关系中信任对 BIM 情境的各个方面均无显著影响，市场地位高的参与方对 BIM 情境的 BIM 应用有显著的影响力，但对组织集成程度和流程集成程度的影响不显著，合同关系能够显著影响 BIM 模型信息共享和交换程度及 BIM 推动方式的多样程度，并通过二者显著影响 BIM 情境的各方面。

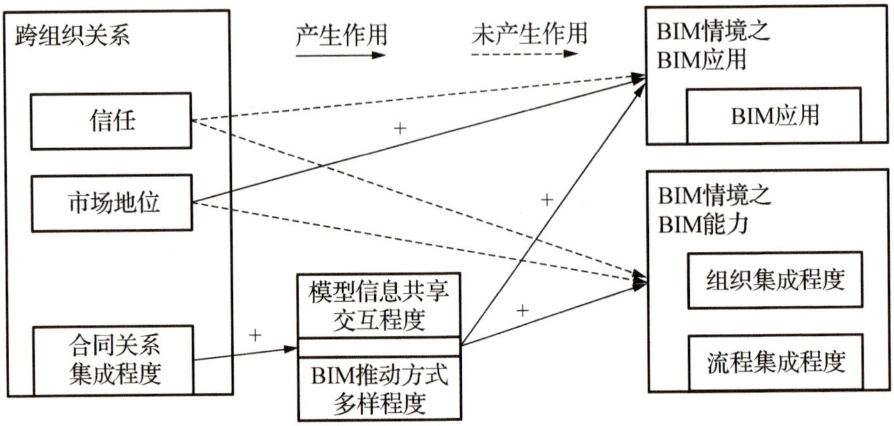

图 6.10　跨组织关系对 BIM 情境的作用方式

6.4.4　项目整体绩效评价

本研究测量项目整体绩效的方法如下：第一，案例项目各参与方的访谈对象对项目整体绩效进行打分（采用 7 点李克特量表，考虑到正面的评价和负面的评价，分值从-3 分到+3 分进行设置），同一案例按照访谈对象是同一参与方取平均值；第二，对访谈对象访谈过程中涉及到的相关观点采用定性的方法与其的打分进行衡量，正面的评价对应+1 到+3 分，负面的评价对应-3 分到-1 分，0 分表示中立。

1. BIM 效用

在 BIM 情境处于非集成化的情况下，响应了业主 BIM 应用要求的设计方与总承包方，以最小努力满足业主提出的 BIM 应用要求，主要为各自内部的专业团队服务。此时，设计方与总承包方各自获得的 BIM 效用较高，而业主则对获得的 BIM 效用看法不一（图 6.11～图 6.19）。对 BIM 带来的变革效用主要体现在各参与方交流更加便捷，而没有带来组织和流程上的改变，反而增加了各参与沟通与协调的时间与精力。而 SHO 项目中设计方没有参与 BIM 应用，其对 BIM 效用的看法以负面效用为主，也导致业主对 BIM 效用的评价分值较低，且大部分为负分值。由此可知，BIM 应用会给 BIM 应用方带来价值和效益，但集成化程度低的 BIM 情境和合同关系下，各参与方对 BIM 效用的看法不一致，且总体上业主的 BIM 效用较低。

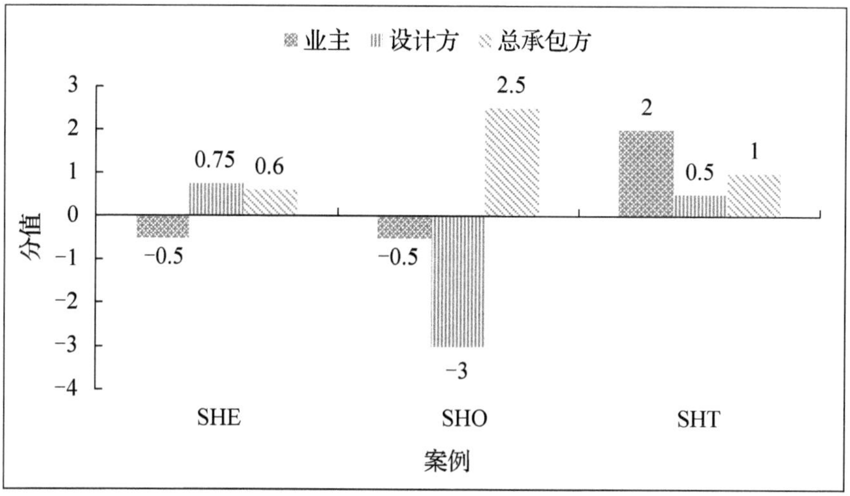

注：BP1-1 劳动生产率得到了提升

图 6.11　BIM 效用——自动化（一）

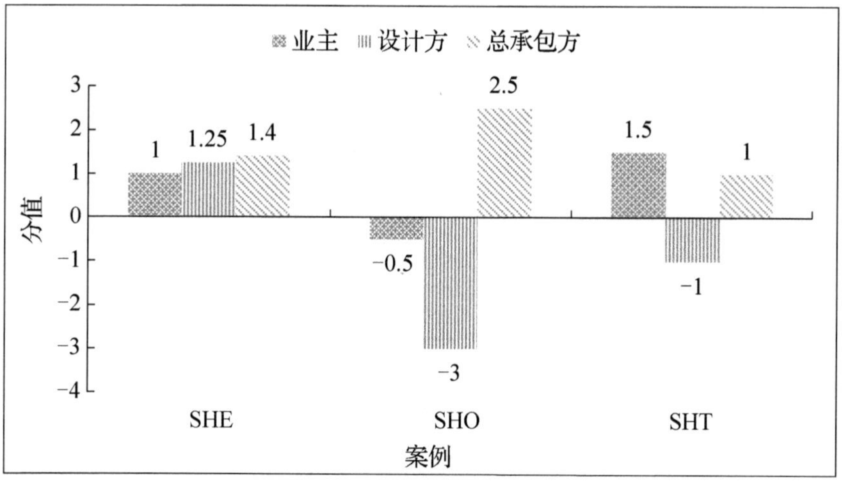

注：BP1-2 显著节省了人力，管理效率提高

图 6.12　BIM 效用——自动化（二）

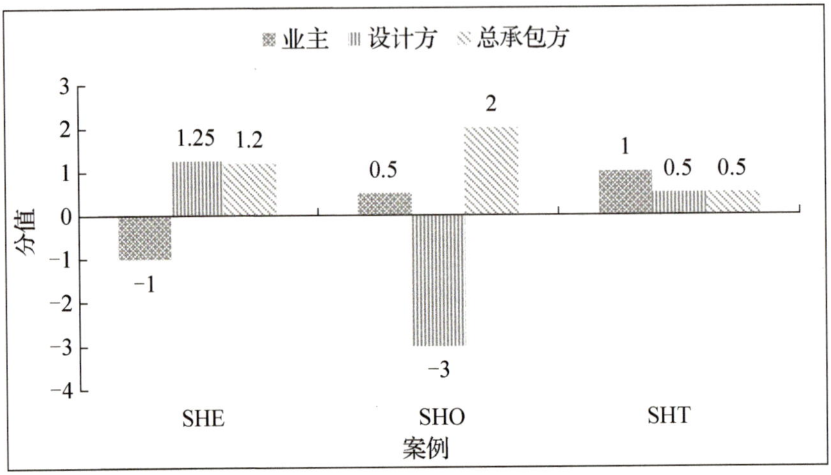

注：BP1-3 显著降低了成本

图 6.13 BIM 效用——自动化（三）

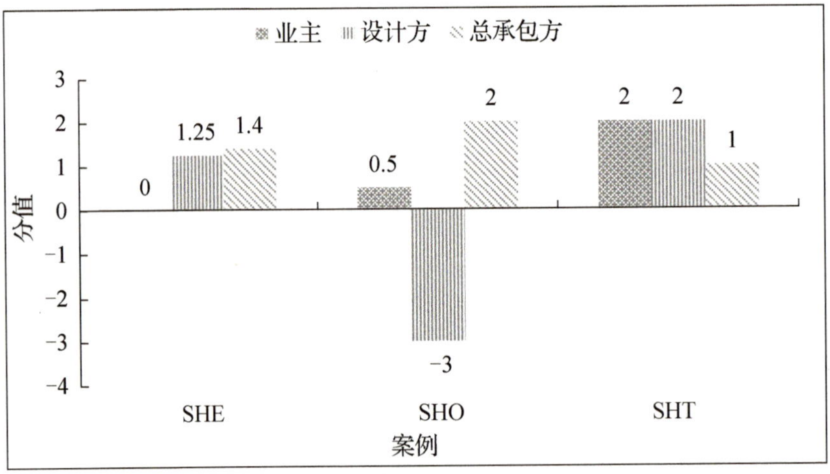

注：BP2-1 决策质量/满意度显著提高

图 6.14 BIM 效用——信息化（一）

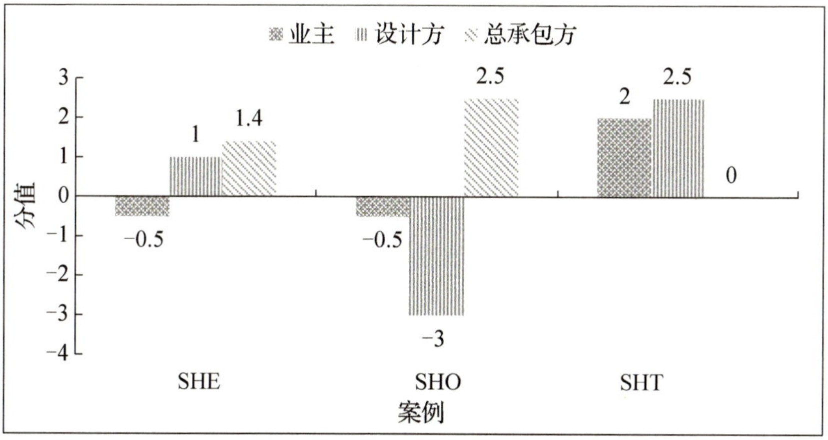

注：BP2-2 BIM应用使得各参与方能同步、准确地获取各种设计/施工方案变更的信息

图 6.15　BIM 效用——信息化（二）

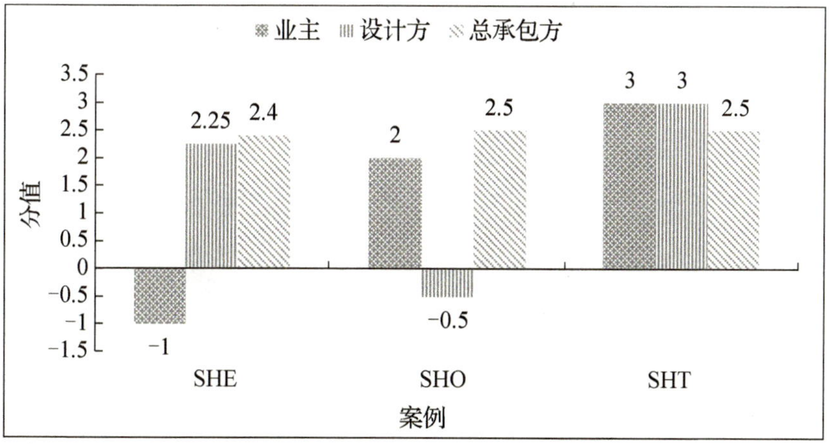

注：BP2-3 BIM的可视化效果使得各参与方(包括业主等非专业人士)能更好地进行交流

图 6.16　BIM 效用——信息化（三）

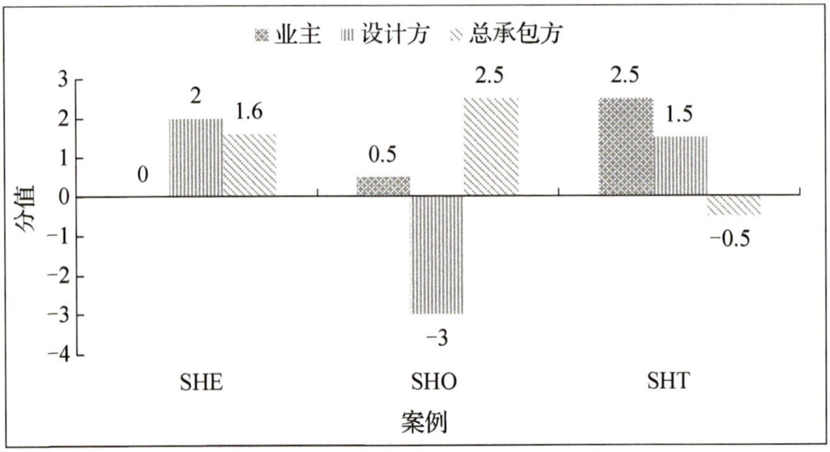

注：BP3-1 应用BIM后，项目各参与方之间的信息交流和协同工作变得更加便捷

图 6.17　BIM 效用——变革（一）

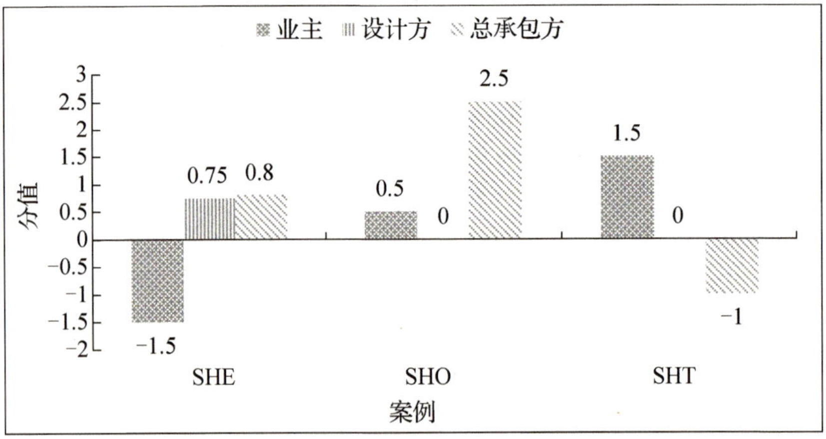

注：BP3-2 BIM的应用，引入了更有效率的项目组织及合作模式

图 6.18　BIM 效用——变革（二）

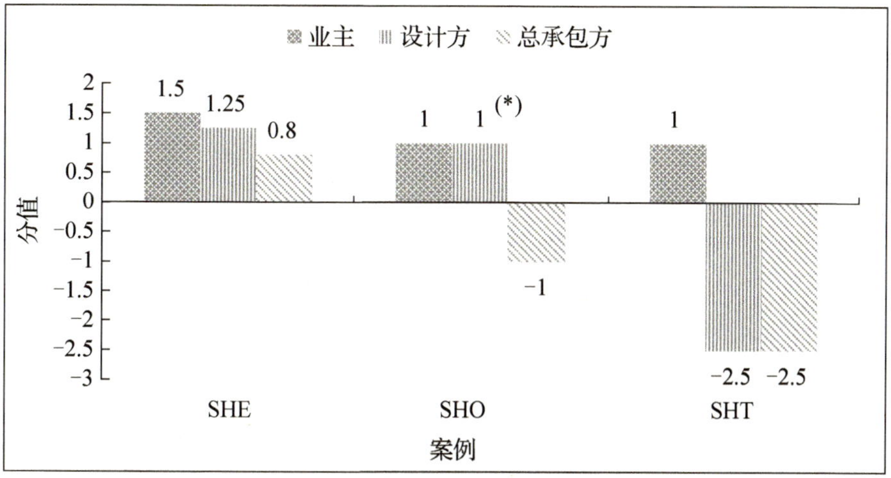

注：BP3-3 BIM应用时的协同模式耗费较多的沟通协调时间与精力

注：（*）表示由于没能与该设计方进行面对面的访谈，其书面反馈的信息与对该题选项相反，顾按照书面反馈的信息将值“-1”调整为“+1”。

图 6.19　BIM 效用——变革（三）

2. 项目过程绩效

三个案例的 BIM 情境下不同参与方对项目投资和进度带来的效益的评价如图 6.20、图 6.21 所示，项目各参与方均认为 BIM 能对项目过程绩效起到正面作用，能减少浪费、缩短工期。SHE 项目的业主对 BIM 带来的项目过程绩效的节约投资方面持负面看法，从 BIM 情境与跨组织关系的相互作用方式来看，这与业主的 BIM 推动方式和 BIM 组织流程的集成程度相关。

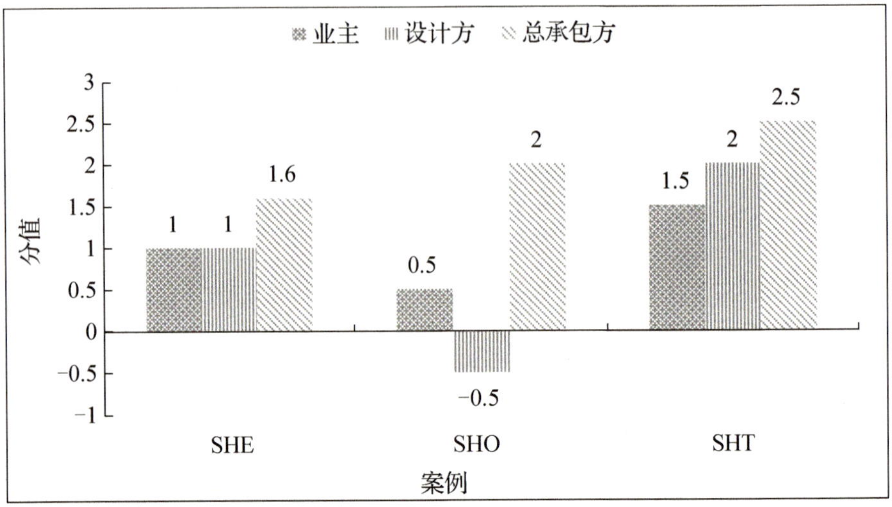

注：PP1-1返工显著降低，节约了工期

图6.20 项目过程绩效——进度

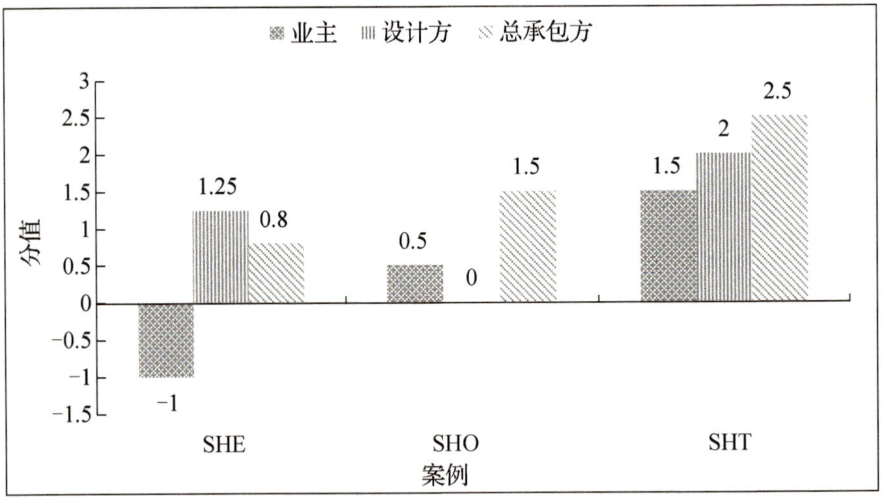

注：PP2-1变更显著减少，节省了投资

图6.21 项目过程绩效——投资

3. 项目结果绩效

在BIM情境下，三个案例中采用BIM的关键参与方对创新技术带来的学习机会和成就感，及其带来的新观念及合作模式看法一致，都有较高的评价。而 SHO 项目的设计方无论是满意度还是对创新的认知，都持负面看法（图 6.22～图 6.26）。

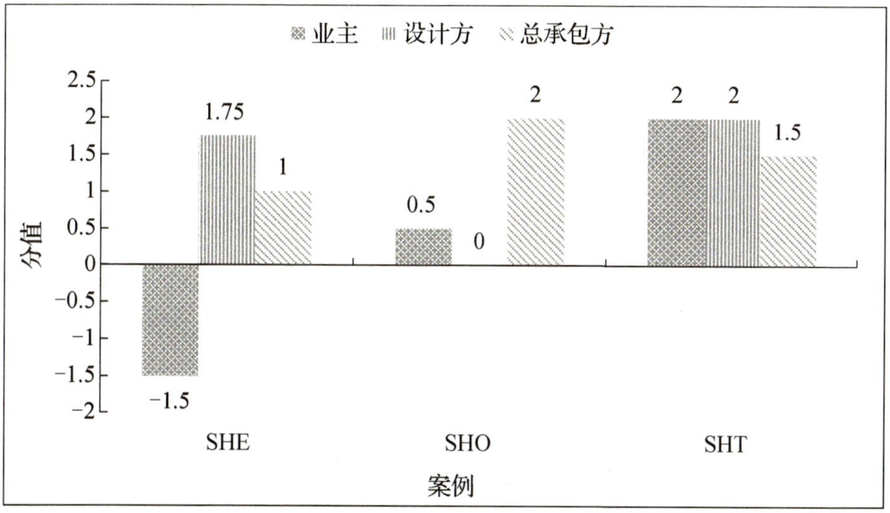

注：RP1-1 质量合格率显著提高

图 6.22　项目结果绩效——质量

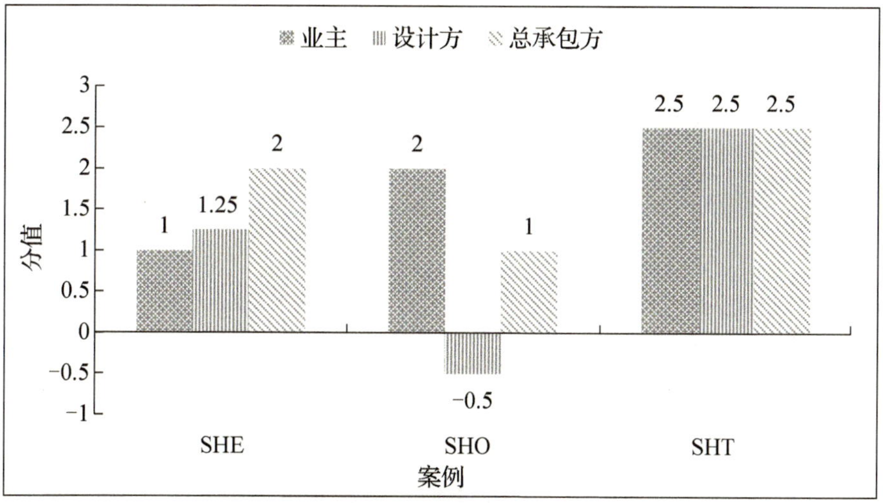

注：PR2-1 提供了更多的学习机会和成就感

图 6.23　项目结果绩效——满意度（一）

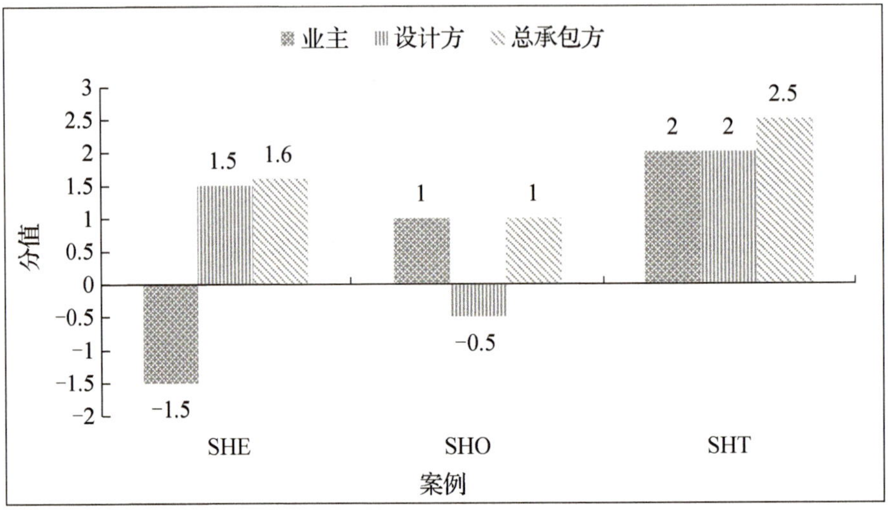

注：PR2-2 提高了获奖及相关认证的机会

图 6.24　项目结果绩效——满意度（二）

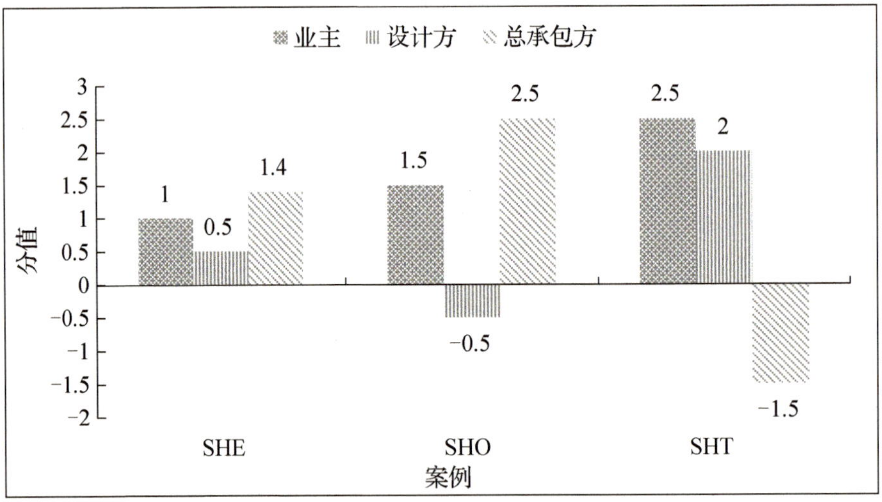

注：RP3-1 促进新的建造方法产生

图 6.25　项目结果绩效——创新（一）

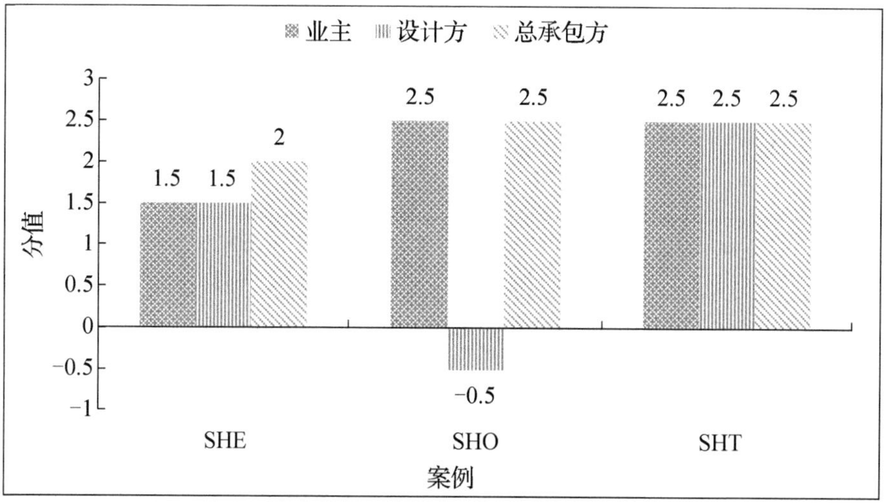

注：RP3-2 促进新的观念及合作模式

图 6.26　项目结果绩效——创新（二）

本研究通过三个案例 BIM 情境下的 BIM 效用、项目过程绩效和项目结果绩效的评价来说明 BIM 情境和跨组织关系的相互作用结果，得出如下主要观点。

（1）BIM 应用组织与跨组织关系的相互作用对项目整体绩效的影响较大。尤其是项目关键参与方中市场地位高的一方不参与 BIM 应用，将对 BIM 集成程度、跨组织关系中的信任产生负面影响，进而对项目整体绩效呈现负面的看法。

（2）BIM 集成程度和合同关系的相互作用对项目整体绩效的影响较大。集成程度低和割裂的合同关系，使得各参与方对 BIM 带来效益的期望不一致，从而导致各参与对项目整体绩效的看法有各异。

（3）BIM 推动方式的不同使得不同参与方对 BIM 应用价值的感知也不同。主动推动 BIM 应用的参与方更能感知 BIM 应用价值，被动接受 BIM 应用的参与方难以适应 BIM 应用带来的改变，而形成对 BIM 应用的负面态度。

6.4.5 理论假设验证结果

根据本章的研究发现，可对理论模型中的各条假设进行检验，理论假设验证结果如表 6-22 所示。

表 6-22 理论假设验证结果汇总

理论假设	SHE 项目	SHT 项目	SHO 项目	整个研究
BIM 情境对跨组织关系的作用				
H1：随着 BIM 应用的广度和深度的拓展，需要建设项目各参与方间的合作，与跨组织关系正相关				
H1a：BIM 应用有助于促成集成化的合同关系	0	0	0	0
H1b：BIM 应用有助于促进各参与方间的信任和提升参与方的市场地位	+	+	+	+
H2：BIM 能力的提升，有利于建设项目各参与方间的合作，与跨组织关系正相关				
H2a：BIM 能力的提升，有助于改善各参与方间的对立关系，促进集成化的合同关系	0	0	0	0
H2b：BIM 能力的提升，有助于促进各参与方间的信任	++	++	++	++
跨组织关系对 BIM 情境的作用				
H3：合同关系的集成化程度越高，越有利于 BIM 能力的提升及促进 BIM 的跨组织应用	++	++	++	++
H4：建设项目各参与方间的信任与 BIM 应用、BIM 能力正相关	0	0	0	0
H5：建设项目各参与方中的市场地位高的一方与 BIM 应用正相关，但对 BIM 能力的影响有限	+++	+++	+++	+++
BIM 情境与跨组织关系的相互作用结果				
H6：集成化 BIM 情境与跨组织合作关系并存时，项目整体绩效高	++	++	++	++

注：①+++代表对研究假设非常支持，++代表对研究假设有较多支持，+代表对研究假设部分支持，0 代表对研究假设没有支持。②本研究采用多案例研究方法，综合考虑每个案例对每个研究假设的支持程度来确定整个研究对研究假设的支持程度。

1. 得到验证的假设

（1）BIM 应用有助于促进各参与方间的信任，但对提升参与方的市场地位的作用不显著。

（2）BIM 能力的提升，有助于促进各参与方间的信任。

（3）合同关系的集成化程度越高，越有利于 BIM 能力的提升及促进 BIM 的跨组织应用。

（4）建设项目各参与方中的市场地位高的一方与 BIM 应用正相关，但对 BIM 能力的影响有限。

（5）集成化 BIM 情境与跨组织合作关系并存时，项目整体绩效高。

2. 未得到验证的假设

（1）BIM 应用有助于促成集成化的合同关系。

（2）BIM 能力的提升，有助于改善各参与方间的对立关系，促进集成化的合同关系。

（3）建设项目各参与方间的信任与 BIM 应用、BIM 能力正相关。

6.5 验证结果的分析

本研究中案例分析验证结果出现了一些与原理论假设不符的研究发现，对于这些发现有必要做进一步探讨与分析，了解出现不符现象的原因。

6.5.1 BIM 应用动机的讨论

本研究发现，BIM 应用没有促进建设项目合同关系，但可以影响信任。产生这一现象的原因在于：三个案例 BIM 情境的 BIM 应用均始于设计阶段，但设计阶段的设计过程和成果仍然基于 2D 设计，且建设项目各参与方沟通的依据仍为 2D 图纸，BIM 仅作为辅助沟通的手段，而各参与方仍依赖传统的交付惯例。在缺乏外部力量推动（例如政策引导、法律法规的支持），且没有一方愿意承担任何改变所带来的风险，各参与方仍以自身利益为考量。因此，即使建设项目采用了BIM并不代表建设项目各参与方会自发进行合同关系的改变，其BIM情境基于3D翻模（王广斌等，2009a）反而影响项目各参与方形成基于信任的合作关系。

社会交换理论认为，社会交换过程会使交易双方产生信任，建设项目各参与方合作经历更容易产生信任关系，这样的合作基础有利于促进BIM应用。根据理论推导出非正式关系能够推动BIM应用和BIM能力。但在本研究的三个案例中都没有发现这方面的作用关系。结合本研究案例的时代背景，BIM这类跨组织创新技术处于导入阶段时，建设项目各参与方对BIM及其效益的感知来源于外界的宣传和实际应用中的体验，但新技术应用初期会产生的高昂费用及耗费大量的学习时间，各参与方对如何开展BIM规划及跨组织应用还不清晰，这使得建设项目各参与方按照各自的需求进行BIM应用，组织和流程的集成程度较低，难以进行模型信息共享和交互（Zhang et al.，2013）。

本研究观察到三个案例的业主都表明如果下次有机会再继续合作采用BIM，但他们还是根据能力来选择项目参与方，其他参与方则是从市场的角度回答如果有机会都愿意合作采用BIM。从案例背景资料发现，三个案例的关键参与方都是国内的大型企业，这类企业规模大、人员多，企业与企业间的合作经验通常通过个人复制。因此，调研中所提及的合作经验难以带入到下一个项目中。同时，BIM人员是随着BIM应用要求而新引进的人员，大部分彼此之间都没有合作过。访谈结果表明，他们即使合作过，也还是要以各自企业的利益为考量，最终各参与方仍然是基于合同来执行各自的工作。

同时，通过对三个案例的对比分析发现政府投资项目业主的BIM应用动机主要源自技术驱动或政府政策驱动，国有企业投资项目业主的 BIM 应用动机源自技术驱动。项目其他关键参与方 BIM 应用则以技术驱动、竞争优势驱动和业主要求为主，如表 6-23、表 6-24 和表 6-25 所示。

表 6-23　BIM 应用动机

参与方	SHE 项目	SHT 项目	SHO 项目
业主	政府政策驱动	技术驱动	技术驱动
设计方	技术驱动 竞争优势驱动 业主要求	技术驱动 竞争优势驱动	（没有采用 BIM）
总承包方	业主要求 竞争优势驱动	业主要求 竞争优势驱动	业主要求 竞争优势驱动
BIM 咨询方/BIM 监理方	竞争优势驱动	（没有 BIM 咨询方）	竞争优势驱动

表 6-24　各案例 BIM 应用动机对比

单位：%

BIM 应用动机	SHE 项目	SHT 项目	SHO 项目
技术驱动	28.60	70.00	44.40
竞争优势驱动	20.40	15.00	0.00
业主要求	34.70	15.00	55.60
政策、政府驱动	16.30	0.00	0.00
合计	100	100	100

表 6-25　各案例关键参与方 BIM 应用动机对比

单位：%

BIM 应用动机	SHE 项目				SHT 项目			SHO 项目		
	业主方	设计方	总承包方	BIM 咨询方	业主方	设计方	总承包方	业主方	总承包方	BIM 监理方
技术驱动	20.00	43.75	25.00	0.00	100.00	75.00	33.33	66.67	0.00	0.00
竞争优势驱动	20.00	18.75	20.83	25.00	0.00	25.00	16.67	0.00	50.00	0.00
业主要求	40.00	37.50	33.34	25.00	0.00	0.00	50.00	33.33	50.00	100.00
政策 政府驱动	20.00	0.00	20.83	50.00	0.00	0.00	0.00	0.00	0.00	0.00
合计	100	100	100	100	100	100	100	100	100	100

BIM 应用动机在 BIM 情境中起着重要作用，尤其是业主 BIM 应用动机通过决定了项目合同安排，进而对整个项目 BIM 应用、BIM 能力及跨组织关系起着重要的影响。三个案例数据表明业主 BIM 应用动机的作用路径为业主 BIM 应用动机决定了项目 BIM 应用目标和需求（表 6-26），决定了 BIM 应用组织及相应的合同安排。例如，在 SHE 项目业主响应政府政策的 BIM 动机下，业主并没有在项目开始前制定出清晰的 BIM 目标体系，通过合同措施对设计方和总承包方提出 BIM 应用要求。从合同安排上来看仍然是沿用传统的设计—招标—施工的承发包模式，没有对各参与方的责权利重新进行安排（表 6-27）。

表 6-26　项目各参与方 BIM 应用目标

项目	参与方	BIM 应用目标
SHE 项目	业主	“其实我们对 BIM 最开始是有一个很高的目标要求，（BIM 贯穿）设计、建设、一直到运营阶段。但是我们前期研究 BIM 的时候是运营团队和我们建设团队一块做研究的，最终还是想……比如最直观的，建设完了以后我们要有一个竣工的模型，这只是建设完的一个可视化的结果，可能标志着建设阶段的结束，但是意味着运营阶段 BIM 应用的开始，目前只是阶段性的。”
	设计方	“我们院内对我们（BIM 团队）的要求就是帮助设计（团队）提高设计质量，主要是在管线综合这块”；“我们设计方也希望通过用 BIM 手段，让我们更好的满足设计要求、进度要求，同时提高设计质量。”
	总承包方	“……我们希望能通过 BIM 发现图纸的一些问题。” “……一个是满足我们的施工需要，另外一个是满足业主现阶段的要求。”
SHT 项目	业主	“希望能够用 BIM 更好地提高设计的质量，更好地提高施工的质量，以及最后能够更好地进行运营和维护……我们希望把 BIM 在 SHT 项目的应用作为一个全寿命周期的实验和尝试。”
	设计方	“目标第一个精细化设计。第二个是业主交的要求，为运维创造条件，提供一个基本模型。”
	总承包方	“我们开始对 BIM 应用的期望目标第一个是探索”“第二个我们希望提高项目效率，为项目增值……减少我们的成本，提高我们的功效”“然后第三个我们想看看项目上 BIM 最后是怎么样运作的，不只是简单的技术问题，而是一个项目的 BIM 管理方式。”

续表

项目	参与方	BIM 应用目标
SHO 项目	业主	“基本上最初的初衷是挑错，而那我们现在的定位就是 BIM 一个是挑错，另一个就是建立一个模型，就是把 2D 图纸转变成一个模型，但是物业管理还要看以后软件方面有进一步的发展进一步深化。”
	BIM 监理方	“目前的 BIM 应用现状，其实我可以不管，但是我觉得，这是对我们监理工作，对现场建设，特别是施工，是有益的。我们愿意推动这项（BIM）工作。”
	总承包方	“对我们（总包）来说，就是希望 BIM 实现三大目标——进度、质量、安全，最终是成本的控制。对我们（总包）来说，最终最起码落到实处我希望（BIM）能指导我过程施工，通过这个项目能够做一些事情出来。”

表 6-27 BIM 应用动机对合同安排的影响

项目	参与方	合同安排
SHE 项目	业主	“我们决定使用 BIM 之后，在我们的招标文件、合同文件里面都有相应的约定，但是这个约定最终能够执行到什么样的程度，会不会打折扣，这就全靠业主的力度了。”
	设计方	“这个项目只是在设计招标阶段，招标文件写了一句话，应用 BIM 技术加强技术的沟通交流……在我们的（BIM 相关的）合同当中也没反应这一块内容。”
	总承包方	“项目招标文件中要求‘施工方有义务配合业主开展 BIM 工作’。签合同的时候对 BIM（应用）也没有具体的要求。因为有要求就涉及到费用，就没办法要求。”
SHT 项目	业主	“（合同类型）和没用 BIM 的项目没什么区别。”
	设计方	“BIM 咨询方与业主签了战略协议，设计方的合同中没有要求应用 BIM。”
	总承包方	“不是 IPD 合同……我们用的是固定单价合同……（合同中）没有（BIM）具体的要求。”
SHO 项目	业主	“总承包方就是总承包方合同，合同中有 BIM 的一个条款；设计方就是传统的设计合同；主要是跟 BIM 顾问签，我跟他签的是一个就是咨询服务合同。”
	BIM 监理方	“设计方是固定单价的总价合同，我们（监理合同）是总价合同，我们没有单价合同。”“总承包方合同有 BIM 应用要求，设计没有 BIM 应用要求……监理也没有 BIM 应用要求。”
	总承包方	“（我们和业主）签的是固定单价合同，按实结算，（合同里对 BIM 的工作技术标准做了一个要求），没有（相应的激励措施）。”

综上所述，建设项目各参与方的 BIM 应用动机，尤其是业主的 BIM 应用动机会对项目 BIM 应用和跨组织关系中的合同安排产生影响。业主的 BIM 应用动机若是被动的，则仍然依赖以往的经验和管理执行项目的建设，而不会考虑合同关系的改变。项目其他关键参与方则为了获得项目，被动响应业主的 BIM 应用要求，以最低代价满足业主要求，难以进行组织和流程的集成，更难以进行跨组织 BIM 应用。

6.5.2 BIM 投入的讨论

本研究发现，跨组织关系对 BIM 情境作用的理论假设并没有完全被验证。通过对访谈内容中有关 BIM 应用困难的参考点分析发现，三个案例中主要应用困难在于组织障碍和流程障碍（SHT 项目处于 BIM 应用的初期，技术障碍和缺乏技术标准较凸显），如表 6-7 和表 6-8 所示。而具体分析其中的内容发现，主要在于各参与方都出于对自身利益的考量，在 BIM 应用价值未知的情况下，各方对 BIM 投入持谨慎态度，尤其是业主。而其他参与方为了响应业主的 BIM 应用要求，从软件、硬件以及人力方面都必须进行投入，如表 6-28 所示。当 BIM 的投资回报率低甚至是负回报时，投入一方则不愿意与其他参与方（包括业主）分享其 BIM 知识产权，BIM 的跨组织合作难以进行，BIM 情境的演化的最终结果为单一组织单一阶段的 BIM 应用或跨组织单一阶段的 BIM 应用。

表 6-28 各参与方的 BIM 投入

项目	参与方	投入资源
SHE 项目	业主	“业主这边的 BIM 团队，就主要还是我们处室（技术质量处）。”“没有（成立专门的 BIM 团队）。”“聘请了 BIM 顾问。”
	设计方	“院里每个（BIM 相关的）项目都有（BIM）项目经理，然后有建筑、结构、机电专业负责人，专业负责人会根据项目大小备工程师”“(BIM 团队）的硬件是院里最好的，每个电脑配置下来都超过了一万，i7 三代，1TB、2TB 的硬盘，1GB、2GB 的显卡，软件目前是 Autodesk 的 Revit 系列软件。”

续表

项目	参与方	投入资源
SHE 项目	总承包方	“前期我们还是花了很多精力，总公司的技术中心的主任，包括他们做 BIM 的一些专家都过来了，给我们做了一些指导”“(BIM 团队)不是外包……技术中心是总部的一个部门，BIM 工作站是部门下面的一个研究室。我们过来给他们提供一个技术支持的。只是支持的时间比较长，常驻现场而已。”“总承包方对软硬件的投入还是比较大的，它的电脑都是 DellN60，工作站 P3600 之类的。”“(BIM 人员) 9 个，但是我们分公司的 6 个，钢结构公司（分包）的 2 个”“实际我们每周三有一个 BIM 培训的课程，参与的大部分都还是一些搞技术的，或者是一些年轻的毕业生。”“(对培训效果）领导说只要你满足要求，考试合格了，一次给你奖一百块、两百块都可以。”
SHT 项目	业主	“业主没有成立有一个 BIM 建模和完全 BIM 应用的团队，所以就是说，你刚才说的这两种（外包和自己成立 BIM 团队）都不在我们的模式范围之内，我们就属于第三种，设计方和总包承担 BIM 建模和 BIM 应用，业主负责 BIM 应用管理”
	设计方	“成立了 BIM 团队”“购买了高配置的电脑和 Autodesk 的 Revit 软件”
	总承包方	“组建了 BIM 团队，成立 BIM 室”“进行了相应的人员、软硬件投入”
SHO 项目	业主	“我们这个项目呢，说大也不是很大，但是你要是投入这么多，业主也认为没有必要”“其实就是我和部门经理算兼职(负责 BIM 工作)。”“聘请（BIM 咨询单位）承担一个模型建立的工作”“监理的 BIM 顾问相当于业主的团队。”
	BIM 监理方	“这是因为我们当时也没有力量，所以就聘请了 BIM 顾问，相对来说，这家顾问费用比较优惠，就这样我们组成一个配合团队。”
	总承包方	“我们也外聘了相应的（BIM）团队”“BIM 的管理加 BIM 的劳务组成这个项目的 BIM 团队”“我们也不惜重金花几百万做这个项目(的 BIM)。”“首先我们要有这个思路，还需要有金钱来投入，比如说请 BIM 这样一个团队，所以我觉得做推 BIM 这样一个事情还是需要由公司从上往下来推，没有公司的支持这个是绝对做不了的。”

6.5.3　BIM 情境与跨组织关系的相互作用过程的讨论

1. BIM 集成程度

BIM 情境与跨组织关系都高度嵌入在建设项目发展过程中，三个案例在从业主的要求开始就呈现出一致性，最终提交竣工模型。竣工模型这个术语在访谈过程中有着各不相同的说法，如供运营使用的模型、数字化楼宇模型等，但从访谈内容分析，其所提到的上述术语的内涵均属于竣工模型的概念范畴。

BIM 情境下各参与方的互动更频繁，但本研究发现在 SHE 和 SHT 项目中组织和流程的集成程度呈现出低的状态，SHO 虽然不一样，但也只是在总承包方和分包方的集成程度较高。各参与方的关系依然是基于合同或基于工作关系，例如：业主与设计方的合同关系、业主与总承包方的合同关系、总承包方与分包方的合同关系、设计方与总承包方的工作关系/协调关系，如表 6-29 所示。

表 6-29 BIM 集成程度

项目	BIM 交付物①	组织集成程度	流程集成程度
SHE	竣工模型	低②	低④
SHO	竣工模型	高③（总承包方—分包）	高⑤（施工阶段）
SHT	竣工模型	低②	低④

注：①BIM 交付物的最终目标是为了运维阶段的应用；②组织集成程度低：各个参与方基于各自的需求建模及应用，单一组织负责模型的集成；③组织集成程度高：各个参与方共享模型，并基于模型共同工作；④流程集成程度低：BIM 流程和传统流程平行，各参与方不基于 BIM 来讨论项目上的问题和冲突；⑤流程集成程度高：BIM 流程和传统流程并行，各参与方基于 BIM 来讨论项目上的问题和冲突。

2. 从合作程度及市场地位看

（1）本研究发现跨组织关系中的合同关系，以及通过合作历史、合作频率和合作满意度来测量的信任都没有发现其对 BIM 情境中要素产生影响。然而，参与方的市场地位这一非正式关系对 BIM 情境有着潜移默化的影响主要存在两种情形：一种是各参与方市场地位对等时，各参与方按各自的需要进行 BIM 应用；另一种是各参与方市场地位不对等时，以市场地位高的一方的 BIM 应用模式为主导。

（2）Howard et al.（2008）则通过问卷调查研究强调了在项目团

队中设立专门角色协调跨组织创新合作的重要性，以及业主方在这一过程中的关键性角色。BIM 情境下需要有 BIM 专业团队的参与，或增加新的岗位或部门或外包。三个案例中相关团队中均有专门的 BIM 人员，但却发现各参与方的 BIM 专业团队与内部工程团队呈现出平行的关系，而业主聘请的 BIM 咨询方在整个项目组织中受其市场地位的影响，面临较多的挑战，难以发挥出 BIM 专员的作用。这进一步说明市场地位会影响 BIM 应用。

6.5.4　项目整体绩效评价差异的讨论

（1）从项目整体绩效评价的研究发现，SHO 项目中设计方对建设项目整体绩效评价的较为负面，而 SHO 项目与 SHT 和 SHE 项目 BIM 情境最大差异在于设计方没有参与到 BIM 应用过程中，本节将从 BIM 组织、BIM 组织和流程集成程度、合同关系、信任和市场地位四个方面进一步分析。

① BIM 应用组织。

表 6-6 中各案例 BIM 应用组织与分工表明，关键参与方（业主、设计方和总包方）在 BIM 应用中有着不同的参与度。而 SHO 项目中设计方在项目过程中并未采用 BIM，仅仅是接受模型反映的问题进行图纸修改，即 BIM 模型并非来源于设计方，而是由 BIM 咨询方依据设计方的设计成果进行建模。这种情境下，信息转化带来信息失真或信息错误的风险，导致设计方认为 BIM 对他们的工作并没有带来效益，反而增加了其工作量，进而拒绝接受基于 BIM 的设计错漏碰缺检查结果。项目其他参与方也一致认为设计方与其他参与方难以进行沟通，都需要通过业主来协调其他参与方与设计方的工作，增加了沟通的时间和成本。这进一步说明 BIM 应用组织会影响建设项目各参与方间的沟通方式，进而对跨组织关系中的信任产生影响。

② BIM 组织和流程集成程度。

已有的文献研究表明 BIM 能够为建设项目的不同参与方创建一个频繁互动、共同解决问题和共同决策的平台（Redmond et al., 2012; Taylor，2007）。虽然三个项目跨组织的组织集成程度和流程集成程度均不高，但 SHO 项目，虽然有业主或 BIM 咨询方从总体上把关 BIM 建模的要求和标准，但由于 BIM 并没有真正用于设计和出图，即使花费额外的大量精力去检查 BIM 模型的准确性，也无法保证 BIM 模型的质量，从而阻碍了跨组织间的合作，使得各参与方间互不信任。

③ 合同关系。

虽然 Llewellyn 等（1930）发现大量的案例都不是按照合同中所规定的、有法律效力的方式来履行合同的，而是使用更加非正式的私人解决的方式。但这个观点在本研究中并没有被支持。三个案例都明显的发现各参与方的关系依然是基于合同或基于工作关系。在 SHO 案例中，这一发现愈加凸显。设计方与 BIM 咨询方既不存在合同关系也不存在类似设计方与施工方的工作关系，一旦触碰到各自的利益时，各方都会抵制对方以保护自己的利益，难以进行组织和流程的集成。这也进一步说明 BIM 应用并没有对项目各方的合同关系产生影响，合同关系却会影响着 BIM 情境的方方面面。尤其是组织和流程集成程度低的合同关系，会阻碍 BIM 应用，包括 BIM 应用范围、阶段和组织以及 BIM 组织和流程集成。

④ 信任和市场地位。

现有研究表明信任可以降低沟通成本 Artz 等（2000），进而对 BIM 产生正向影响 Taylor（2007）。但 SHO 项目与 SHE 项目和 SHT 项目的差异都并未支持这一观点。反而凸显出市场地位在影响 BIM 应用的作用。表 6-18 表明，SHO 项目的设计方的市场地位高于业主和 BIM 咨询方，由于设计方不参与 BIM 应用，其工作成果要通过

BIM 进行碰撞检查，BIM 咨询方对其设计成果提出了成千上万条的修改意见。设计方从专业地位和对传统的设计工作流程的把控对碰撞检查结果进行反驳，并拒绝修改，从而难以推动 BIM 在项目的应用。

（2）从项目整体绩效评价的研究发现，业主与其他项目参与方对项目整体绩效的看法不一致。本研究从 BIM 应用动机的角度进一步分析。

表 6-23 中业主和其他参与方的 BIM 应用动机的不同，带来了业主对项目整体绩效的看法与其他参与方不一致，尤其是市场影响力较大的业主，例如 SHT 项目和 SHE 项目。设计方和总承包方作为 BIM 应用的具体实施者，其 BIM 应用动机对其 BIM 应用范围的深度和广度有着正相关影响，并能对从 BIM 应用中的收益产生正向的影响，例如减少返工和提高质量。但由于业主与其他参与方在合同的责权利并没有因为 BIM 应用而改变，各参与方对 BIM 应用范围的深度与广度的理解存在差异，最终导致在感知项目整体绩效时各方出现观点不一致的现象。这也进一步说明了 BIM 应用动机对 BIM 应用范围有着正向相关影响，市场地位对 BIM 应用范围有着正相关影响。

综上所述，本研究结果表明 BIM 情境与建设项目跨组织关系的作用“黑箱”可通过作用过程和作用结果进行破解，即回答本文的研究问题：①BIM 情境下，BIM 应用组织、组织集成程度和流程集成程度等三个因素影响着跨组织关系的改善。②建设项目跨组织关系中市场地位与合同关系影响着 BIM 在建设项目中的应用。③BIM 情境中 BIM 应用组织、组织集成程度和流程集成程度通过沟通渠道和问题解决渠道的作用过程，对跨组织关系中的信任产生影响；跨组织关系中市场地位与合同关系通过模型信息共享交互和 BIM 推动方式的作用过程，对 BIM 应用范围、BIM 应用组织、BIM 应用阶段、组织集成程度及流程集成程度产生影响。④BIM 应用动机和 BIM 投入对研究变量的调节作用，即 BIM 应用动机会对 BIM 应用范围和合同关系进行调节，BIM 投入会对 BIM 情境中 BIM 应用范围和跨组织关系中信任进行调节。上述的作用过程与项目整体绩效的各个方面正相关。基于此，本研究验证后的理论模型如图 6.27 所示。

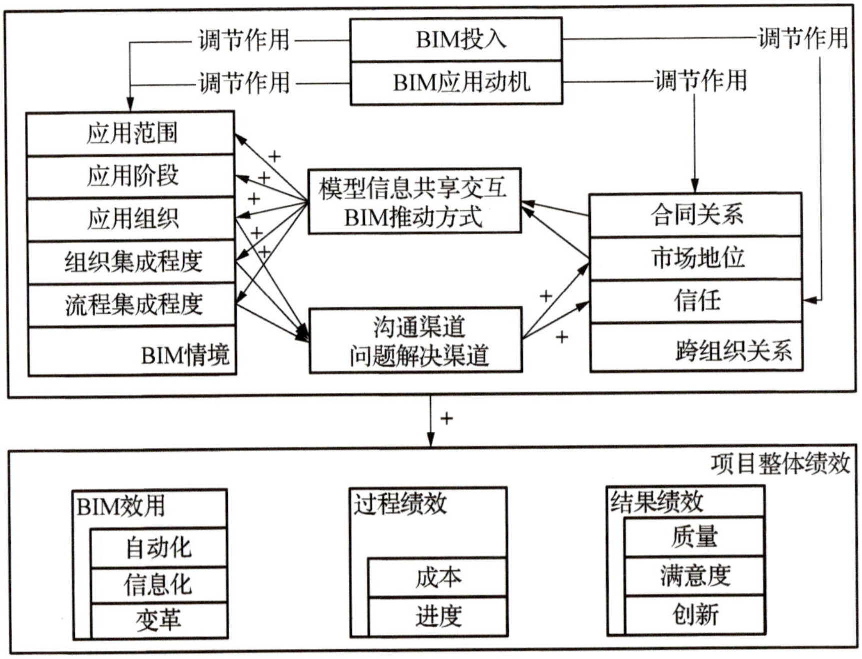

注：+表示测量指标间的正相关关系。

图 6.27　验证后的理论模型

第 7 章 结论与展望

7.1 研究结论

根据前述的研究发现，BIM 情境与跨组织关系的相互作用方式及其作用结果主要体现在以下 5 个方面。

（1）BIM 情境下组织集成和流程集成的程度，对项目的沟通方式和问题解决方式有直接的影响，并通过沟通方式及问题解决方式的多样化程度间接影响各参与方跨组织关系的信任，但对各参与方的市场地位影响较小；在目前的 BIM 技术发展情况下，BIM 应用不会对合同关系和市场地位产生影响，但会影响建设项目各参与方的彼此信任。

（2）BIM 情境下组织和流程集成程度较低的根源为，现有的 BIM 应用模式是基于由非设计师将 2D 图纸转成的 3D 模型，阻碍了项目各参与方间信任关系的形成。

（3）BIM 情境引起了对 BIM 专业团队的需求，BIM 专业团队无论是自组还是外包，均对跨组织关系的合同关系没有本质影响，但改变了各参与方间的沟通方式，直接影响各参与方间的彼此信任。

（4）跨组织关系中信任对 BIM 情境的各方面均无显著影响，市场地位高的参与方对 BIM 应用有显著的影响力，但对组织集成程度和流程集成程度的影响不显著。合同关系能显著影响 BIM 应用范围，通过模型信息共享和交换程度及 BIM 推动方式的多样化程度，影响着 BIM 情境下的组织和流程集成程度。

（5）集成化程度的 BIM 情境和缺乏跨组织合作关系对项目整体绩效提升较小，反之，能有效提升项目整体绩效。

根据上述研究结论，本研究对建设项目 BIM 的成功实施路径提出如下建议。

（1）政府推进 BIM 在我国建筑业的应用，可将重心放在大力提倡并推进由设计师开展BIM设计工作和基于BIM模型出图这两个环节上，如基于 BIM 的政府审批政策。本研究发现，由非设计师进行 3D 翻模作为 BIM 应用方式，增加了额外的信息沟通环节，不能适应建设项目动态变化的特点，导致建模工作量大，且滞后于项目进度，无法保证模型数据的准确性和有效性，从而严重影响 BIM 应用效果和效率，难以发挥 BIM 的优势。推进由设计师开展 BIM 设计工作和基于 BIM 出图，可从源头上解决上述问题，充分发挥 BIM 参数化、可视化和数据一致性对建筑业变革的作用。

（2）业主建立清晰的建设项目 BIM 实施规划。本研究发现，业主的 BIM 应用动机，会对建设项目各参与方间的合同安排产生潜在影响，进而决定建设项目各参与方的 BIM 能力，即 BIM 应用的组织和流程集成程度，这也会进一步对建设项目各参与方跨组织关系产生影响。因此，建立清晰的 BIM 实施规划，选择合适的设计方与总承包方，有利于推动建设项目 BIM 成功实施。

（3）建设项目各参与方共同建立项目跨组织 BIM 应用目标。虽然建设项目需要有多个参与方共同完成，但是建设项目各参与方都有各自的资源和目标，缺乏对跨组织 BIM 应用目标的统一认知，难以建立各参与方间的有效合作关系。因此，建设项目各参与方达成跨组织 BIM 应用共识，对跨组织 BIM 协作关系的形成必不可少。

（4）建立利益共享和风险共担的伙伴关系。本研究发现，在 BIM 情境下，建设项目各参与方的职责没有随着 BIM 应用而改变，仍以自身利益为考量，从而影响了各参与方的模型信息共享与交互。而 BIM 的特征决定了其成功实施需要建设项目各参与方的协同工作，彼此间进行高度的信息共享和交互。因此，建立利益共享和风险共担的伙伴关系，有利于推动建设项目 BIM 成功实施。

（5）建立建设项目各参与方的跨组织关系管理，加强建设项目各参与方间的非正式沟通。本研究发现建设项目各参与方间缺乏信任，这使得建设项目各参与方间很难协同工作，更难以实现各参与方间的信息共享与交互。同时，建设项目各参与方间的沟通方式对跨组织关系有显著影响，通过彼此良好的非正式沟通质量，能够及时提出可信、完整和正确的信息，有助于各参与方在建设项目生产作业活动作出更好的决策，减少错误的发生。这对改善我国建筑企业间的关系有着十分现实的意义。因此，建设项目各参与方需要注重跨组织间信任的持续改善，建立项目网络的跨组织关系管理。

7.2 研究贡献

1. 理论贡献

在社会交换理论和交易成本理论等理论的指导下，本研究深入探讨了 BIM 情境与跨组织关系的相互作用机理，并通过案例研究方法和质性分析软件对理论模型和理论假设进行了验证，在此基础上对研究发现进行了讨论，研究成果对临时性组织间的跨组织关系和跨组织技术创新等理论提供了有益的补充，并以此来说明建设项目进行跨组织技术创新时必须考虑的相关因素，为学术界提出新的思考和研究方向提供有益的参考。

2. 实践贡献

本研究以探明BIM情境与建设项目跨组织关系的相互作用机理为主要目标。通过问卷调查分析，识别了BIM情境和跨组织关系中影响BIM成功实施的关键要素，并通过跨案例的比较分析，发现了BIM情境→沟通行为→跨组织关系以及跨组织关系→BIM推动行为→BIM情境的BIM情境与跨组织关系的相互作用机制，基于此提出了建设项目BIM成功实施路径的建议。这有助于帮助建设项目各参与方的决策者思考在BIM实施时进行合理规划和实施策略的制定，推动BIM在建设项目中的应用，改善建设项目跨组织关系。

7.3 研究展望

1. 研究局限

BIM在中国的发展处于起步阶段，现有的研究仍较多关注技术层面，本研究尝试以建设项目为分析层次，从建设项目跨组织关系的角度，探索BIM情境与跨组织关系的相互作用机理。从研究问题和研究框架的拟定、研究方法设计、案例选择以及数据收集各方面均遵循实证研究的程序，力求理论推导客观严谨，采用多数据来源和质性分析软件，以避免案例研究方法的主观性和片面性带来的偏差。但限于建设项目诸多不确定性因素，以及跨组织关系的复杂性，本研究在探索过程中存在不足，这些限制与不足主要体现在以下三个方面。

（1）考虑到在实际建设项目中，业主、设计方与总承包方是建设项目的参与主体，为了更好地分析各参与方跨组织关系，本研究主要对建设项目中的关键参与方采用BIM的情况进行研究，忽略分包方、材料供应商以及政府审批部门的参与情况。

（2）本研究采用多案例比较进行实证研究，通过理论抽样选择案例。虽然 Sanders（1982）建议进行多案例研究时最佳的案例数目为 3～6 个，但考虑到时间和人力的限制，本研究仅选取了三个案例进行多案例研究。同时，考虑到案例数据收集的可获得性及国内 BIM 应用现状，在案例选取过程中，仅选取了政府投资项目及国有企业投资项目的 BIM 情境和跨组织关系进行交叉比较，忽略了私有投资项目中的相关差异性。

（3）由于 BIM 技术在国内的发展进程仍处于导入阶段，各项目均为初次应用 BIM，使得本研究难以考量 BIM 技术兼容程度对 BIM 情境、跨组织关系和项目整体绩效的影响。

2. 未来的研究方向

针对上述研究局限，未来的研究拟从以下三个方面进行拓展，对现有研究进一步深化。

（1）可拓展到建筑业供应链，从建设项目所有参与方收集资料，分析其对 BIM 情境和跨组织关系的相互作用方式，可使研究更加完备。

（2）为了验证研究发现的普适性，有必要扩大研究样本，选择不同的投资类型、不同 BIM 应用方式、不同承发包模式、不同 BIM 技术和不同地域的建设项目进行实证分析，做出更可靠的研究结论。

（3）尝试考虑 BIM 技术发展的动态时序性，持续收集不同技术发展时期的案例，丰富案例研究的差异性，进一步探明技术兼容程度与跨组织关系的互动。

附录A

调查问卷（一）

非常感谢您在百忙之中参与本次问卷调查！本调查是我们正在承担的国家自然科学基金研究课题“BIM 情境下建设项目契约治理的内在机制及结构优化（项目批准号：71272046）”的重要组成部分，旨在了解国内阻碍建设项目 BIM 应用的关键要素。您的支持能够让我们更好地识别我国 BIM 情境和项目各方之间合作关系的关键因素，为我们设计推动我国建设项目 BIM 应用的对策提供基础。

请根据您的 BIM 应用经验和真实感受，回答本问卷中的问题，您的判断对本研究至关重要。本问卷调查数据仅作学术研究之用，保证对您的反馈信息严格保密，绝不会对您及您所在的企业造成任何不利影响。

本问卷大约需要耽误您 5 分钟时间，衷心感谢您的合作及您的宝贵时间！

第一部分：个人基本情况

您的职业是：

A：业主	B：施工方	C：设计方
D：项目管理咨询	E：科研人员	F：学生

您应用 BIM 的年限为：

A：小于一年　　B：一年　　C：两年

D：三年　　E：四年及以上

您应用 BIM 主要方面是：（可多选）

A：三维建模　　B：冲突检查　　C：能耗分析

D：施工模拟　　E：施工管理　　F：运营管理

第二部分：BIM 应用障碍分析

请根据您 BIM 应用的实际体验，在您对该题说法的认可程度的代码上打“√”，如您非常同意则勾选 5，非常不同意则勾选 1，依此类推。

题号	题项表述	非常同意	同意	不能确定	不同意	非常不同意
1	各参与方缺乏 BIM 相关的软硬件	5	4	3	2	1
2	设计方 BIM 应用经验不足	5	4	3	2	1
3	总承包方 BIM 应用经验不足	5	4	3	2	1
4	项目各参与方 BIM 认知程度低	5	4	3	2	1
5	合同中缺乏经济激励或奖励条款来推动 BIM 应用	5	4	3	2	1
6	项目各参与缺乏有效的沟通协调渠道	5	4	3	2	1
7	各参与方建立各自的 BIM 模型	5	4	3	2	1
8	参与方高层领导支持度低	5	4	3	2	1
9	项目各参与方缺乏推动 BIM 的团队	5	4	3	2	1
10	各参与方基于现有合同模式，没有改变项目原有的组织间割裂的关系	5	4	3	2	1
11	合同中对各方 BIM 应用的责权利不明晰，工作职责没有改变	5	4	3	2	1
12	缺乏相应的 BIM 培训	5	4	3	2	1
13	设计方缺乏施工阶段的经验和知识体系，导致设计阶段模型后续利用率低	5	4	3	2	1
14	合同中缺乏条款促进利益共享和风险共担机制的建立	5	4	3	2	1
15	合同中缺乏对用于模型协作的模型精度进行要求	5	4	3	2	1

续表

题号	题项表述	非常同意	同意	不能确定	不同意	非常不同意
16	合同中缺乏对 BIM 应用评估机制	5	4	3	2	1
17	设计阶段与施工阶段仍然是割裂的流程	5	4	3	2	1
18	项目后续参与方（总承包方、分包方、运营方）提早介入设计阶段的可能性小	5	4	3	2	1
19	设计方的设计团队与 BIM 团队工作流程平行	5	4	3	2	1
20	总承包方的管理团队与 BIM 团队工作流程平行	5	4	3	2	1
21	项目各参与方市场地位不对等，沟通不顺畅	5	4	3	2	1
22	项目各参与方的不共享各自的模型	5	4	3	2	1
23	项目各参与方对 BIM 应用目标的理解不一致	5	4	3	2	1
24	缺乏相关的法律法规支持 BIM 成果作为项目各环节依据的合法性	5	4	3	2	1
25	缺乏行业规范、标准促进 BIM 信息在不同阶段和不同参与方间进行共享和使用	5	4	3	2	1
26	各软件间信息交换过程中信息丢失严重	5	4	3	2	1

附录 B

调查问卷（二）

非常感谢您在百忙之中参与本次问卷调查！本调查是我们正在承担的国家自然科学基金研究课题“BIM 情境下建设项目契约治理的内在机制及结构优化（项目批准号：71272046）”的重要组成部分，旨在了解国内建设项目 BIM 应用与项目各方之间的合作的相互作用方式及其对建设项目绩效的影响情况。您的支持能够让我们更好地识别 BIM 应用和项目各方之间合作的关键因素及其作用方式，帮助我们设计推动我国建设项目 BIM 应用的对策。

请根据您的 BIM 应用经验和真实感受，回答本问卷中的问题，您的判断对本研究至关重要。本问卷调查数据仅作学术研究之用，保证对您的反馈信息严格保密，绝不会对您及您所在的企业造成任何不利影响。

本问卷大约需要耽误您 5 分钟时间，衷心感谢您的合作及您的宝贵时间！

第一部分：个人基本情况

您的职业是：

A：业主　B：施工方　C：设计方

D：项目管理咨询　E：科研人员　F：学生

您应用 BIM 的年限为：

A：小于一年　　B：一年　　C：两年

D：三年　　E：四年及以上

您应用 BIM 主要方面是：（可多选）

A：三维建模　　B：冲突检查　　C：能耗分析

D：施工模拟　　E：施工管理　　F：运营管理

第二部分：BIM 情境

请根据您 BIM 应用的实际体验，在您对该题说法的认可程度的代码上打“√”，如您非常重要则勾选 5，非常不重要则勾选 1，依此类推。

您认为在项目中 BIM 应用范围中的重要程度如何？

B1 BIM 应用范围	非常重要	比较重要	重要	不重要	非常不重要
BA1 环境建模分析	5	4	3	2	1
BA2 场地分析	5	4	3	2	1
BA3 建筑策划	5	4	3	2	1
BA4 投资估算	5	4	3	2	1
BA5 方案论证	5	4	3	2	1
BA6 可视化设计	5	4	3	2	1
BA7 模型检查与优化	5	4	3	2	1
BA8 性能分析（能耗分析、结构分析、光照分析、风模拟及交通分析等）	5	4	3	2	1
BA9 工程量统计	5	4	3	2	1
BA10 管线综合	5	4	3	2	1
BA11 施工进度模拟	5	4	3	2	1
BA12 施工组织模拟	5	4	3	2	1
BA13 虚拟建造	5	4	3	2	1
BA14 物料跟踪	5	4	3	2	1
BA15 施工现场配合	5	4	3	2	1
BA16 竣工模型交付	5	4	3	2	1
BA17 维护计划	5	4	3	2	1

续表

B1 BIM 应用范围	非常重要	比较重要	重要	不重要	非常不重要
BA18 资产管理	5	4	3	2	1
BA19 空间管理	5	4	3	2	1
BA20 建筑系统分析	5	4	3	2	1
BA21 应急预案模拟	5	4	3	2	1

您认为下列项目参与方参与BIM应用对推动BIM应用的重要程度如何？

BO BIM 应用组织	非常重要	比较重要	重要	不重要	非常不重要
BO1 业主	5	4	3	2	1
BO2 设计院	5	4	3	2	1
BO3 承包商	5	4	3	2	1
BO4 软件开发商	5	4	3	2	1
BO5 BIM 咨询公司	5	4	3	2	1

您认为下列BIM应用的组织集成对实现项目各参与方协同工作的重要程度如何？

OI BIM 能力之组织集成程度	非常重要	比较重要	重要	不重要	非常不重要
OI1 项目组织结构的支持（设立专门的 BIM 应用协调团队或部门）	5	4	3	2	1
OI2 有专门的 BIM 团队与专业工程师共同工作	5	4	3	2	1
OI3 高层管理者领导的支持	5	4	3	2	1

您认为下列BIM应用的流程集成对实现项目各参与方协同工作的重要程度如何？

PI BIM 能力之流程集成程度	非常重要	比较重要	重要	不重要	非常不重要
PI1 整合组织内的 BIM 应用协作性流程	5	4	3	2	1
PI2 优化与项目其他参与方 BIM 协作性流程	5	4	3	2	1

您认为下列 BIM 应用的技术兼容程度对实现项目各参与方协同工作的重要程度如何？

TI BIM 能力之技术兼容程度	非常重要	比较重要	重要	不重要	非常不重要
TI1 建立 BIM 应用标准解决软件间兼容性	5	4	3	2	1
TI2 为解决软件间兼容性进行二次开发	5	4	3	2	1

第三部分：合作情况

请根据您 BIM 应用的实际体验，在您对该题说法的认可程度的代码上打“√”，如您非常重要则勾选 5，非常不重要则勾选 1，依此类推。

您认为下列合同关系对 BIM 情境的重要程度如何？

CR 合同关系	非常重要	比较重要	重要	不重要	非常不重要
CR1 在合同中对 BIM 应用提出明确的要求和各方的责权利等	5	4	3	2	1
CR2 在合同中对 BIM 应用提供激励措施	5	4	3	2	1

您认为下列信任对 BIM 情境的重要程度如何？

TR 信任	非常重要	比较重要	重要	不重要	非常不重要
TR1 项目各参与方进行紧密合作	5	4	3	2	1
TR2 项目各参与方共享模型信息	5	4	3	2	1

您认为下列市场关系对 BIM 情境的重要程度如何？

MP 市场地位	非常重要	比较重要	重要	不重要	非常不重要
MP1 有稳定的 BIM 应用合作伙伴	5	4	3	2	1

第四部分：BIM 应用价值

请根据您 BIM 应用的实际体验，在您对该题说法的认可程度的代码上打“√”，如您非常同意则勾选 5，非常不同意则勾选 1，依此类推。

您是否同意下列BIM应用为项目带来的价值？

BV BIM应用价值	非常同意	比较同意	一般	不同意	非常不同意
BV1 缩短了各种文件审批周期	5	4	3	2	1
BV2 减少了施工变更	5	4	3	2	1
BV3 增强了对设计意图的理解	5	4	3	2	1
BV4 提升了整体项目的质量	5	4	3	2	1
BV5 减少了施工碰撞	5	4	3	2	1
BV6 提高了参与各方的满意度	5	4	3	2	1

附录C

访谈对象知情同意书

非常感谢您在百忙之中参与本次调研访谈！本调研是我们正在承担的国家自然科学基金研究课题“BIM 情境下建设项目契约治理的内在机制及结构优化（项目批准号：71272046）”的重要组成部分，旨在了解国内建设项目 BIM 应用与项目各方之间的合作是如何相互作用及其对建设项目绩效的影响情况。您的支持能够让我们更好地识别 BIM 应用和项目各方之间合作的关键因素，及其互动机理，帮助我们设计推动我国建设项目 BIM 应用的对策。

我们将对您进行大约 1 小时的访谈，主要涉及您在项目 BIM 应用过程中的经验和想法。访谈员为谭丹，同济大学经济与管理学院博士研究生。她将是整个访谈的唯一访谈员，也是整个研究的主要负责人。

在访谈过程中，如有让您觉得不舒服的内容，您可随时拒答或中途退出，不会引起任何不愉快或不良影响。

您若对本研究的结果感兴趣，请您和谭丹联系，联系电话和电子邮件见下方。

您的参与对我们的研究非常有帮助，为了能够细致地记下您所说的重要信息，请允许我们对访谈内容进行录音。我们会采取如下措施保护您的个人信息：

（1）录音将被转译成文字进行分析，在此过程中所有能够识别您身份的信息将被删除，访谈材料用数字编号来标示。

（2）录音被转译成文字后，将会第一时间发给您请您确认相关内容。

（3）访谈调查结果只用于学术研究，所有的报告、论文和表述材料都不会包含任何个人识别信息，同时未得到您的同意，相关的内容将不会发表。

本研究所收集的所有信息都是保密的。录音、访谈记录及研究资料将用密码保护储存在安全的计算机里，仅供同济大学 BIM 研究团队成员使用。

如果您有任何问题，请和谭丹联系：

电话：13585819127　　邮箱：0810040041@tongji.edu.cn

采访者签名：____________　　　　　受访者本人签名：____________

同济大学 BIM 研究团队　　2013 年 10 月

附录 D

访谈提纲

1　项目及参与方背景

1.1　项目概况（项目规模—占地面积，建筑面积，总投资、开工日期、竣工日期）

1.2　项目目标（前三个最重要的目标）

1.3　项目主要参与方

1.4　企业及个人 BIM 应用经历（什么时候开始采用 BIM，您对 BIM 的熟悉程度）

2　项目 BIM 应用情况

2.1　这个项目上采用 BIM 的原因是什么？

2.2　在项目开始前对 BIM 应用的期望/目标是什么？/ 在项目上应用 BIM 的目标是什么？

2.3　为了达到上述目标，项目 BIM 应用中的角色和分工：

——BIM 应用的参与方有哪些？

——BIM 应用的要求是什么？

——BIM 的应用的职责和分工是什么？

参与方	职责与分工					
	建模	基于模型分析与应用	模型维护与集成	模型审核	提供信息	其他（请说明）
业主						
设计院						
总包						

续表

参与方	职责与分工					
	建模	基于模型分析与应用	模型维护与集成	模型审核	提供信息	其他（请说明）
分包商						
BIM 咨询方						
项目管理方						
其他（请说明）						

2.4 由谁作为 BIM 实施的主导方推动 BIM 的应用？

是如何推动的/采用了哪些方法进行推动？

2.5 BIM 应用主要用于哪些方面/功能？BIM 应用在项目的哪几个阶段？是否符合当初的期望？（初期是否有大范围 BIM 应用的计划？）

项目阶段	BIM 应用
策划阶段	□环境建模分析 □场地分析 □建筑策划 □投资估算 □方案论证
设计阶段	□可视化设计 □模型检查与优化 □性能分析（能耗分析、结构分析、光照分析、风模拟及交通分析等）
施工阶段	□工程量统计 □管线综合 □施工进度模拟 □施工组织模拟 □虚拟建造 □物料跟踪 □施工现场配合 □竣工模型交付
运营阶段	□维护计划 □资产管理 □空间管理 □建筑系统分析 □应急预案模拟
其他（请说明）	

2.6 不同阶段的模型是由谁来创建，是各个参与方建各自的模型？还是以设计的模型作为基础，继续深化？目前项目 BIM 应用中使用的软件有哪些？

不同的参与方用的软件有哪些？

如何处理不同软件间信息交换和共享？

数据交换存在困难有哪些？

2.7 各方是使用何种方式、工具及程序进行沟通与交流的？各参与方间进行沟通与交流时有没有遇到困难？遇到的困难有哪些？是如何解决的？举例说明。（若都回答是技术问题，则继续追问“技术问题都克服了，在信息交换方面是否还有困难？”）

2.8 出现冲突和问题时，靠什么方式来解决？大家面谈协商？行政命令？依合同？

2.9 您认为 BIM 的应用给整个项目组织和流程带来的最大改变是什么？

2.10 对各参与方的工作职责的改变有哪些？最大的挑战有哪些？采用哪些方法应对？是否对这些结果感到满意？

3 项目各方合作情况

3.1 签订哪类合同？

3.2 合同中有哪些条款对 BIM 应用的要求？

3.3 是否有激励条款来促进 BIM 的应用，具体有哪些？

3.4 是否到达了预期的效果，具体体现请举例说明？

3.5 BIM 应用是采用外包还是自己做？自己做是如何做的？（例如自己成立 BIM 团队，进行软、硬件投入。）

3.6 各参与方之前是否合作过？

3.7 大概合作过多少类似项目？

3.8 在这个项目的合作过程中，是否加强了过去的合作关系？采用了哪些交流和沟通方法？体现在哪些方面？

3.9 您对这个项目的 BIM 应用经验中的合作情况是否满意？是否愿意下次继续合作采用 BIM？

4 项目整体绩效情况

绩效指标		测度题项	−3	−2	−1	0	1	2	3
BIM 效用	自动化效用	劳动生产率得到了提升							
		显著节省了人力，管理效率提高							
		显著降低了成本							
	信息化效用	决策质量/满意度显著提高							
		BIM 应用使得各参与方能同步、准确地获取各种设计/施工方案变更的信息							
BIM 效用	信息化效用	BIM 的可视化效果使得各参与方（包括业主等非专业人士）能更好地进行交流							
	变革效用	应用 BIM 后，项目各参与方之间的信息交流和协同工作变得更加便捷							
		BIM 的应用，引入了更有效率的项目组织及合作模式							
		BIM 应用时的协同模式耗费较多的沟通协调时间与精力							
项目过程绩效	进度	返工显著降低，节约了工期							
	投资	变更显著减少，节省了投资							
项目结果绩效	质量	质量合格率显著提高							
	满意度	提供了更多的学习机会和成就感							
		提高了获奖及相关认证的机会							
	创新	促进新的建造方法产生							
		促进新的观念及合作模式							

-3. 非常不同意
-2. 不同意
-1. 有点不同意
0. 中立
1. 有点同意
2. 同意
3. 非常同意

非常感谢您的支持与配合！

附录 *E*

调查问卷（三）测量量表

附表 E-1　BIM 应用范围的重要程度测量量表

编号	测量题项	编号	测量题项	参考文献
BA1	环境建模分析	BA2	场地分析	CICRP（2010）
BA3	建筑策划	BA4	投资估算	
BA5	方案论证	BA6	可视化设计	
BA7	模型检查与优化	BA8	性能分析（能耗分析、结构分析、光照分析、风模拟及交通分析等）	
BA9	工程量统计			
BA11	施工进度模拟	BA10	管线综合	
BA13	虚拟建造	BA12	施工组织模拟	
BA15	施工现场配合	BA14	物料跟踪	
BA17	维护计划	BA16	竣工模型交付	
BA19	空间管理	BA18	资产管理	
BA21	应急预案模拟	BA20	建筑系统分析	

附表 E-2　项目参与方参与 BIM 应用对推动 BIM 应用的重要程度测量量表

编号	测量题项	编号	测量题项	参考文献
BO1	业主方	BO2	设计方	NBIMS（2007） Succar（2008）
BO3	总承包方	BO4	BIM 咨询方	
BO5	软件提供商			

附表 E-3 组织集成程度对实现项目各参与方协同工作的重要程度测量量表

编号	测量题项	参考文献
OI1	项目组织结构的支持（设立专门的 BIM 应用协调团队或部门）	NBIMS（2007） Succar（2008） Wang（2010）
OI2	有专门的 BIM 团队与专业工程师共同工作	
OI3	高层管理者领导的支持	

附表 E-4 流程集成程度对实现项目各参与方协同工作的重要程度测量量表

编号	测量题项	参考文献
PI1	整合组织内的 BIM 应用协作性流程	Succar（2009）
PI2	优化与项目其他参与方 BIM 协作性流程	

附表 E-5 技术兼容程度对实现项目各参与方协同工作的重要程度测量量表

编号	测量题项	参考文献
TI1	建立 BIM 应用标准解决软件间兼容性	自行开发
TI2	为解决软件间兼容性进行二次开发	

附表 E-6 合同关系对 BIM 情境的重要程度测量量表

编号	测量题项	参考文献
CR1	在合同中对 BIM 应用提出明确的要求和各方的责权利等	Taylor（2007） 王广斌等（2011） 自行开发
CR2	在合同中对 BIM 应用提供激励措施	

附表 E-7 信任对 BIM 情境的重要程度测量量表

编号	测量题项	参考文献
TR1	项目各参与方进行紧密合作	Mayer 等(2005)
TR2	项目各参与方共享模型信息	

附表 E-8 市场地位对 BIM 情境的重要程度测量量表

编号	测量题项	参考文献
MP1	有稳定的 BIM 应用合作伙伴	自行开发

附表 E-9　BIM 应用价值测量量表

编号	测量题项	编号	测量题项	参考文献
BV1	缩短了各种文件审批周期	BV2	减少了施工变更	Moum（2009）；Mow（2010）；Merschbrock（2012a）
BV3	增强了对设计意图的理解	BV4	提升了整体项目的质量	
BV5	减少了施工碰撞	BV6	提高了参与各方的满意度	

参 考 文 献

樊宏钦, 郭红领, 金志刚, 等, 2010. BIM 技术应用的机遇与挑战: 香港建筑业实践情况[J]. 土木建筑工程信息技术, (3): 58-65.

国家统计局网站. 中华人民共和国国家统计局. [2013-11-11]. www.stats.gov.cn.

黄江疆, 郑垂勇, 2009. 组织间网络理论视野下的南水北调工程运行管理[J]. 商业研究, (1): 12-16.

李怀祖, 2004. 管理学研究方法论[M]. 西安: 西安交通大学出版社.

李平, 曹仰锋, 2012. 案例研究方法: 理论与范例: 凯瑟琳 · 艾森哈特论文集[M]. 北京: 北京大学出版社.

马智亮, 2010. BIM 技术及其在我国的应用问题和对策[J]. 中国建设信息化, (4): 12-15.

上海市规划国土资源局, 2013. 关于印发《上海市建设工程三维审批规划管理试行意见》的通知[R/OL]. (2013-1-21) [2013-12-11]. http://www.shanghai.gov.cn/shanghai/ node2314/node2319/node1 2344/u26ai34704.html.

上海市统计局, 2013, 2013 年上海市统计局、国家统计局上海调查总队统计数据信息发布计划[R/OL]. (2013-1-30) [2014-1-1]. http://www.stats-sh.gov.cn/data/toMData.xhtml?u=/ monthdata/2013.html.

王朝辉, 陈洁光, 黄霆, 等, 2013. 企业创建自主品牌关键影响因素动态演化的实地研究——基于广州 12 家企业个案现场访谈数据的质性分析[J]. 管理世界, (6): 111-127.

王广斌，谭丹，等, 2009a. 基于 4D 模拟的 3D 模型信息集成研究[C]. 中国工程管理论坛.

王广斌，张洋等, 2009b. 建设项目施工前各阶段 BIM 应用方受益情况研究[J]. 山东建筑大学学报, (5): 438-442.

王广斌, 2011a. 同济大学中国 BIM 应用调研报告（2011 年）[R]. 同济大学工程管理研究所.

王广斌, 曹冬平, 2011b. 建设项目跨组织创新应用合作的动态演化分析[J]. 软科学, 25(12): 7-12.

王广斌, 张雷, 谭丹, 等, 2012. 我国建筑信息模型应用及政府政策研究[J]. 中国科技论坛, (08): 38-43.

吴明隆, 2000. SPSS 统计应用实务[M]. 北京：中国铁道出版社.

吴明隆, 2010. 问卷分析统计实务——SPSS 操作与应用[M]. 重庆：重庆大学出版社.

徐淑英, 2012. 求真之道, 求美之路: 徐淑英研究历程[M]. 北京：北京大学出版社.

许劲, 任玉珑, 2010. 项目关系质量, 项目绩效及其影响关系实证研究[J]. 预测, 29(1): 71-75.

严建援, 徐斌, 2005. 跨组织信息系统对合作组织之间关系的影响[J]. 中国软科学, (3): 117-125.

尤大鹏, 2007. 组织间关系对IOS协同的作用机理研究[D]. 天津: 南开大学.

张建新, 2010. 建筑信息模型在我国工程设计行业中应用障碍研究[J]. 工程管理学报,(4): 387-392.

张三力, 2006. 投资项目绩效管理与评价（一）——第一讲 项目绩效管理和评价的基本概念[J]. 中国工程咨询,(3): 50-53.

赵惠珍, 王秀兰, 程飞, 等, 2012, 2011 年建筑业发展统计分析[J]. 工程管理学报, 26(3):1-11.

钟伦纳, 1992. 应用社会科学研究法[M]. 北京: 商务印书馆.

ADLER P S, 2001. Market, hierarchy, and trust: the knowledge economy and the future of capitalism[J]. Organization science, 12(2): 215-234.

AGC, 2006. The AGC contractors’ guide to BIM[EB/OL]. (2006-9-1) [2012-5-30]. http://www.agcnebuilders.com/documents/BIMGuide.pdf.

AHMAD I, SEIN M K, PANTHI K, 2010. Challenges of integration and ICT's potentials in the globalized construction industry[C]//Technology Management for Global Economic Growth (PICMET), 2010 Proceedings of PICMET'10: IEEE, 1-7.

AHOLA T, KUJALA J, LAAKSONEN T, et al., 2006. The role of long-term interorganizational relationships in project business[C]//VII Project Research Conference, Xi'an, China.

ALBANESE R, 1994. Team-building process: key to better project results[J]. Journal of Management in Engineering, 10(6): 36-44.

ALSHAWI M, INGIRIGE B, 2003. Web-enabled project management: an emerging paradigm in construction[J]. Automation in Construction, 12(4): 349-364.

American Institute of Architects，2007a. Working definition–integrated project delivery[J], WikiPedia.

American Institute of Architects，2007b. Integrated project delivery: A guide[J]. WikiPedia.

ANAND N, GARDNER H K, MORRIS T, 2007. Knowledge-based innovation: emergence and embedding of new practice areas in management consulting firms[J]. Academy of Management Journal, 50(2): 406-428.

ANDRE, G R, 2011. Building information modeling (BIM): special contract issues[EB/OL]. (2011-10-5) [2012-09-05]. http://www.klconstructionlawblog.com/2011/10/articles/articles-andpublications/buil-ding-information-modeling-bim-special-contract-issues.

ARANDA-MENA G, CRAWFORD J, CHEVEZ A, et al., 2009. Building information modelling demystified: does it make business sense to adopt BIM?[J]. International Journal of Managing Projects in Business, 2(3): 419-434.

ARAYICI Y, COATES P, KOSKELA L, et al., 2011. BIM adoption and implementation for architectural practices[J]. Structural Survey, 29(1): 7-25.

ARTTO K, ELORANTA K, KUJALA J, 2008. Subcontractors' business relationships as risk sources in project networks[J]. International Journal of

Managing Projects in Business, 1(1): 88-105.

ARTZ K W, 1999. Buyer–supplier performance: the role of asset specificity, reciprocal investments and relational exchange[J]. British Journal of Management, 10(2): 113-126.

ARTZ K W, BRUSH T H, 2000. Asset specificity, uncertainty and relational norms: an examination of coordination costs in collaborative strategic alliances[J]. Journal of Economic Behavior & Organization, 41(4): 337-362.

ASHCRAFT H W, 2008a. Building information modeling: a framework for collaboration[J]. Construction. Lawyer, 28: 5.

ASHCRAFT H W, 2008b. Implementing BIM: A report from the field on issues and strategies[C]//Paper Presentation at the 47th Annual Meeting of Invited Attorneys.

ASHLEY D B, LURIE C S, JASELSKIS E J, 1987. Determinants of construction project success[C]// Project Management Institute.

ATKINSON H, BRANDER BROWN J, 2001. Rethinking performance measures: assessing progress in UK hotels[J]. International Journal of Contemporary Hospitality Management, 13(3): 128-136.

ATKINSON R, 1999. Project management: cost, time and quality, two best guesses and a phenomenon, its time to accept other success criteria[J]. International Journal of Project Management, 17(6): 337-342.

Autodesk, 2007a. Return on investment with Autodesk Revit[EB/OL]. (2007-6-25) [2013-4-15]. http://images.autodesk.com/adsk/files/4301694_Revit_ROI_Calculator.zip.

Autodesk, 2007b. AUTODESK BIM white paper[EB/OL]. (2007-6-20) [2013-04-22] http://www.laiserin.com/ features/bim/autodesk_bim.pdf.

Autodesk, 2007c. BIM's return on investment[EB/OL]. (2007-1-1) [2011-8-30] http://images.autodesk.com/adsk/ files/bim_roi_jan07_1_.pdf.

Autodesk, 2011, 2011 年“创新杯”BIM 设计大赛揭晓 44 项大奖[EB/OL]. (2011-3-7)[2013-11-20]. http://www.autodesk.com.cn/adsk/servlet/item?id=17664198&siteID= 1170359.

AZHAR S, NADEEM A, MOK J Y N, et al., 2008. Building information modeling (BIM): a new paradigm for visual interactive modeling and simulation for construction projects[C]//Proc., First International Conference on Construction in Developing Countries, 1: 435-446.

BAKER B N, MURPHY D C, FISHER D, 1997. Factors affecting project success[J]. Project Management Handbook, 902-919.

BAKOS Y, BRYNJOLFSSON E, 2000. Bundling and competition on the Internet[J]. Marketing Science, 19(1): 63-82.

BARLOW J, CHOEN M, JASHAPARA A, 1997. Towards Positive Partnering: Revealing the Realities in the Construction Industry[M]. Bristol: Policy Press.

BAZJANAC V, 2008. IFC BIM-based methodology for semi-automated building energy performance simulation[C]//Proceedings of the 25th CIB W 78 Conference: Improving the Management of Construction Projects Through IT Adoption. Universidad de Talca, Santiago.

BEACH R, WEBSTER M, CAMPBELL K M, 2005. An evaluation of partnership development in the construction industry[J]. International Journal of Project Management, 23(8): 611-621.

BENNETT J, JAYES S, 1998. The Seven Pillars of Partnering: a Guide to Second Generation Partnering[M]. Thomas Telford.

Bentley, 2007. GSA and Bentley collaborate on new GSA BIM guide[EB/OL]. (2007-9-25) [2013-11-1]. http://www.thefreelibrary.com/GSA+and+Bentley+Collaborate+ on+New+GSA+BIM+Guide.-a0169074929.

BERENTE N, BAXTER R, LYYTINEN K, 2010. Dynamics of inter-organizational knowledge creation and information technology use across object worlds: the case of an innovative construction project[J]. Construction Management and Economics, 28(6): 569-588.

BERGGREN C, SÖDERLUND J, ANDERSON C, 2001. Clients, contractors, and consultants: The consequences of organizational fragmentation in contemporary project environments[J]. Project Management Journal, 32(3): 39-48.

BLACK C, AKINTOYE A, FITZGERALD E, 2000. An analysis of success factors and benefits of partnering in construction[J]. International Journal of Project Management, 18(6): 423-434.

BLAU P M, 1964. Exchange and power in social life[M]. Transaction Publishers.

BOLAND JR R J, LYYTINEN K, YOO Y, 2007. Wakes of innovation in project networks: the case of digital 3-D representations in architecture, engineering, and construction[J]. Organization Science, 18(4): 631-647.

BORYS B, JEMISON D B, 1989. Hybrid arrangements as strategic alliances: theoretical issues in organizational combinations[J]. Academy of Management Review, 14(2): 234-249.

BOUCHLAGHEM D, KIMMANCE A G, ANUMBA C J, 2004. Integrating product and process information in the construction sector[J]. Industrial Management & Data Systems, 104(3): 218-233.

BOUDREAU M C, ROBEY D, 2005. Enacting integrated information technology: a human agency perspective[J]. Organization Science, 16(1): 3-18.

BOURNE L, WALKER D H T, 2006. Using a visualising tool to study stakeholder influence[J]. The Project Management Journal, 37(1): 5-21.

BRADACH J L, ECCLES R G, 1989. Price, authority, and trust: from ideal types to plural forms[J]. Annual Review of Sociology, 15(1): 97-118.

BRESNEN M, MARSHALL N, 2000. Partnering in construction: a critical review of issues, problems and dilemmas[J]. Construction Management &

Economics, 18(2): 229-237.

BRYDE D J, 2005. Methods for managing different perspectives of project success[J]. British Journal of Management, 16(2): 119-131.

BRYDE D, BROQUETAS M, VOLM J M, 2013. The project benefits of building information modelling (BIM)[J]. International journal of project management, 31(7): 971-980.

BUCKLEY P J, CASSON M, 2010. Models of the multinational enterprise[M]//The Multinational Enterprise Revisited. Palgrave Macmillan, London, 147-176.

CACCIATORI E, JACOBIDES M G, 2005. The dynamic limits of specialization: vertical integration reconsidered[J]. Organization Studies, 26(12): 1851-1883.

CAMPBELL D A, 2007. Building information modeling: the Web3D application for AEC[C]//Proceedings of The Twelfth International Conference on 3D Web Technology. ACM, 173-176.

CARAYANNIS E G, ALEXANDER J, 1999. Winning by co-opeting in strategic government- university-industry R&D partnerships: the power of complex, dynamic knowledge networks[J]. The Journal of Technology Transfer, 24(2-3): 197-210.

CARR A S, SMELTZER L R, 2002. The relationship between information technology use and buyer-supplier relationships: an exploratory analysis of the buying firm's perspective[J]. IEEE Transactions on Engineering Management, 49(3): 293-304.

CHAN A P C, CHAN D W M, HO K S K, 2003. Partnering in construction: critical study of problems for implementation[J]. Journal of Management in Engineering, 19(3): 126-135.

CHERNS A B, BRYANT D T, 1984. Studying the client's role in construction management[J]. Construction Management and Economics, 2(2): 177-184.

ChinaASC, 2009. BIM 建筑设计大赛评审揭晓[EB/OL].(2009-4-2)[2013-11-20]. http://www.chinaasc.org/news/ zonghexiaoxi/20090402/68836.html.

ChinaBIM, 2010. “创新杯” BIM 设计大赛揭晓 50 项大奖[EB/OL]. (2010-6-24) [2013-11-20]. http://www.chinabim. com/news/domestic/2010-06-24/958.html.

ChinaBIM, 2012. 2012 年“创新杯” BIM 设计大赛获奖名单[EB/OL]. (2012-8-31) [2013-11-20]. http://www.chinabim. com/news/activity/2012-08-31/4150.html.

ChinaBIM, 2013, 2013 年“创新杯”建筑信息模型(BIM)应用设计大赛获奖名单 [EB/OL]. (2013-9-6)[2013-11-20]. http://www.chinabim.com/news/domestic/2013-09-06/ 5554_2.html.

CICRP, 2010. BIM project execution plan guide (Version 2.0)[EB/OL]. (2010-11-1) [2013-11-10]. http://www.engr.psu.edu/ae/cic/bimex/downloads/Guide/BIM_PxP_Guide-V2.0.pdf.

CLEMONS E K, ROW M C, 1992. Information technology and industrial cooperation: the changing economics of coordination and ownership[J]. Journal of Management Information Systems, 9(2): 9-28.

CLEMSON, 2007. Definition of Policy, Clemson University—office of research compliance, definitions of research compliance terms[EB/OL]. (2007-10-11) [2-13-12-3]. http://www.clemson.edu/research/ orcSite/orcIRB_DefsP.html.

COASE R H, 1937. The nature of the firm[J]. economica, 4(16): 386-405.

COLLINS A, BACCARINI D, 2004. Project success—a survey[J]. Journal of Construction Research, 5(02): 211-231.

Construction Industry Institute (CII), 1996. Partnering toolkit, introduction [EB/OL]. (1996-8-21) [2013-9-22]. https://www.construction-institute.org/scriptcontent/

more/ir102_2_ more.cfm.

COVA B, GHAURI P, SALLE R, 2002. Project marketing: beyond competitive bidding[M]. Wiley.

COX A, FURLONG P, 1997. Cross-border trade and contract awards the intellectual myopia at the heart of the EU procurement rules[J]. European Journal of Purchasing & Supply Management, 3(1): 9-20.

CRESPIN-MAZET F, GHAURI P, 2007. Co-development as a marketing strategy in the construction industry[J]. Industrial Marketing Management, 36(2): 158-172.

CRITCHLOW J, 1998. Making partnering work in the construction industry[M]. Chartridge Books Oxford.

D'CRUZ J R, RUGMAN A M, 1994. Business network theory and the Canadian telecommunications industry[J]. International Business Review, 3(3): 275-288.

DAHLGREN J, SÖDERLUND J, 2001. Managing inter-firm industrial projects—on pacing and matching hierarchies[J]. International Business Review, 10(3): 305-322.

DAINTY A R J, BRISCOE G H, MILLETT S J, 2001. Subcontractor perspectives on supply chain alliances[J]. Construction Management & Economics, 19(8): 841-848.

DAVENPORT T H, 1993. Process innovation: reengineering work through information technology[M]. Harvard Business Press.

DOSSICK C S, NEFF G, 2009. Organizational divisions in BIM-enabled commercial construction[J]. Journal of Construction Engineering and Management, 136(4): 459-467.

DUBOIS A, GADDE L E, 2000. Supply strategy and network effects—purchasing behaviour in the construction industry[J]. European Journal of

Purchasing & Supply Management, 6(3-4): 207-215.

DUBOIS A, GADDE L E, 2002. The construction industry as a loosely coupled system: implications for productivity and innovation[J]. Construction Management & Economics, 20(7): 621-631.

DULAIMI M F, BAXENDALE A, LANGFORD D A, 1996. The construction project as a process of innovation[J]. The Organisation and Management of Construction: Shaping Theory and Practice, 572-577.

DULAIMI M F, LING F Y Y, BAJRACHARYA A, 2003. Organizational motivation and inter-organizational interaction in construction innovation in Singapore[J]. Construction Management and Economics, 21(3): 307-318.

DUNTEMAN G H, 1989. Principal components analysis[M]. Sage.

DYER J H, 1997. Effective interfirm collaboration: how firms minimize transaction costs and maximize transaction value[J]. Strategic Management Journal, 18(7): 535-556.

DYER J H, SINGH H, 1998. The relational view: cooperative strategy and sources of interorganizational competitive advantage[J]. Academy of Management Review, 23(4): 660-679.

EASTMAN C, TEICHOLZ P, SACKS R, et al., 2008. BIM Handbook: a guide to building information modeling for owners, designers, engineer[M]. John Wiley & Sons.

EASTMAN C, et al, 2011. BIM handbook: A guide to building information modeling for owners, managers, designers, engineers and contractors[M]. 2nd ed. John Wiley & Sons.

ECCLES R G, 1981. The quasifirm in the construction industry[J]. Journal of Economic Behavior & Organization, 2(4): 335-357.

EDMONDSON A C, 2000. The innovation journey[J]. Academy of Management Review, 25(4):885-887.

EGAN J, 1998. Rethinking Construction: The Report of the Construction Task Force[C]//Department of the Environment, Transport & the Regions.

EISENHARDT K M, 1989. Building theories from case study research[J]. The Academy of Management Review, 14(4): 532-550.

ELORANTA K, 2007. Supplier relationship management in networked project business[J]. Licentiate's Thesis, Helsinki University of Technology.

EMERSON R M, 1972. Exchange theory, part I: a psychological basis for social exchange[J]. Sociological Theories in Progress, 2: 38-57.

EXCELLENCE C, 2004. Effective teamwork: a best practice guide for the construction industry[J]. Constructing Excellence, Watford, 1-20.

FONG P S, LUNG B W, 2007. Interorganizational teamwork in the construction industry[J]. Journal of Construction Engineering and Management, 133(2): 157-168.

FOSTER W, CHENG Z, DEDRICK J, et al., 2006. Technology and organizational factors in the notebook industry supply chain[J]. UC Irvine: Personal Computing Industry Center.

FOX S, HIETANEN J, 2007. Interorganizational use of building information models: potential for automational, informational and transformational effects[J]. Construction Management and Economics, 25(3): 289-296.

FREEMAN M, BEALE P, 1992. Measuring project success[J]. Project Management Institute, 23(1):8-17.

GAL U, LYYTINEN K, YOO Y, 2008. The dynamics of IT boundary objects, information infrastructures, and organisational identities: the introduction of 3D modelling technologies into the architecture, engineering, and construction industry[J]. European Journal of Information Systems, 17(3): 290-304.

GAO J, FISCHER M, 2008. Framework and case studies comparing implementations and impacts of 3D/4D modeling across projects[D]. Stanford

University.

GERLACH M L, 1992. Alliance capitalism: the social organization of Japanese business[M]. University of California Press.

GIDADO K I, 1996. Project complexity: the focal point of construction production planning[J]. Construction Management & Economics, 14(3): 213-225.

GIEL B K, ISSA R, OLBINA S, 2009. Return on investment analysis of building information modeling in construction[D]. University of Florida.

GIRMSCHEID G, BROCKMANN C, 2009. Inter-and intraorganizational trust in international construction joint ventures[J]. Journal of Construction Engineering and Management, 136(3): 353-360.

GLICK S, GUGGEMOS A, 2009. IPD and BIM: benefits and opportunities for regulatory agencies[C]//Proceedings of the 45th ASC National Conference, 2(4).

GOLDEN B R, 1992 The past is the past—or is it? The use of retrospective accounts as indicators of past strategy[J]. Academy of Management Journal, 35(4): 848-860.

GRANDORI A, SODA G, 1995. Inter-firm networks: antecedents, mechanisms and forms[J]. Organization Studies, 16(2): 183-214.

GRANOVETTER M S, 1973. The Strength of Weak Ties1[J]. American Journal of Sociology, 78(6): 1360-1380.

GRAPHISOFT, 2007. ArchiCAD-Reference Guide[Z].

GU N, LONDON K, 2010. Understanding and facilitating BIM adoption in the AEC industry[J]. Automation in Construction, 19(8): 988-999.

GULATI R, 1995. Does familiarity breed trust? The implications of repeated ties for contractual choice in alliances[J]. Academy of Management Journal, 38(1): 85-112.

GULATI R, 1998. Alliances and networks[J]. Strategic management journal, 19(4): 293-317.

HÄKANSSON H, 1982. International marketing and purchasing of industrial goods: an interaction approach[M]. Wiley.

HÄKANSSON H, SNEHOTA I, 1989. No business is an island: the network concept of business strategy[J]. Scandinavian Journal of Management, 5(3): 187-200.

HALLEN L, JOHANSON J, SEYED-MOHAMED N, 1991. Interfirm adaptation in business relationships[J]. The Journal of Marketing, 29-37.

HARDIN B, MCCOOL D, 2009. BIM and construction management: proven tools, methods, and workflows[M]. John Wiley & Sons.

HART P, SAUNDERS C, 1997. Power and trust: critical factors in the adoption and use of electronic data interchange[J]. Organization Science, 8(1): 23-42.

HARTMANN T, FISCHER M, 2008. Applications of BIM and hurdles for widespread adoption of BIM[C]//2007 AISC-ACCL eConstruction Roundtable Event Rep.

HARTMANN T, NEUBERG F, FISCHER M, 2007. Integrating three-dimensional product models into engineering and construction project information platforms[J]. Proceedings of Bringing ITC Knowladge to Work.

HARTMANN T, VAN MEERVELD H, VOSSEBELD N, et al., 2012. Aligning building information model tools and construction management methods[J]. Automation in Construction, 22: 605-613.

HARTY C, 2005. Innovation in construction: a sociology of technology approach[J]. Building Research & Information, 33(6): 512-522.

HARVEY S, MILLETT B, SMITH D, 1998. Developing successful teams in organisations[J]. Australian Journal of Management and Organisational Behaviour, 1(1): 1-7.

HELLARD R B, 1995. Project partnering: principle and practice[M]. Thomas

Telford.

HELLGREN B, STJERNBERG T, 1995. Design and implementation in major investments—a project network approach[J]. Scandinavian Journal of Management, 11(4): 377-394.

HO P, FISCHER M, KAM C, 2009. Virtual design and construction: themes, case studies and implementation suggestions[J]. Center for Integrated Facility Engineering (CIFE), Stanford University.

HOBBS B, ANDERSEN B, 2001. Different alliance relationships for project design and execution[J]. International Journal of Project Management, 19(8): 465-469.

HOLMEN E, PEDERSEN A C, Torvatn T, 2005. Building relationships for technological innovation[J]. Journal of Business Research, 58(9): 1240-1250.

HOLMLUND M, TÖRNROOS J Å, 1997. What are relationships in business networks?[J]. Management Decision, 35(4): 304-309.

HOMANS G C, 1958. Social behavior as exchange[J]. American Journal of Sociology, 63(6): 597-606.

HOWARD R, BJÖRK B C, 2008. Building information modelling–experts' views on standardisation and industry deployment[J]. Advanced Engineering Informatics, 22(2): 271-280.

HOWELL I, BATCHELER B, 2005. Building information modeling two years later–huge potential, some success and several limitations[J]. The Laiserin Letter, 22(4).

IBBOTT C J, O'KEEFE R M, 2004. Trust, planning and benefits in a global interorganizational system[J]. Information Systems Journal, 14(2): 131-152.

ILOZOR B D, KELLY D J, 2012. Building information modeling and integrated project delivery in the commercial construction industry: a conceptual study[J]. Journal of Engineering, Project, and Production Management, 2(1):

23-36.

ITO T, SALLEH M R, 2000. A blackboard-based negotiation for collaborative supply chain system[J]. Journal of Materials Processing Technology, 107(1-3): 398-403.

JARILLO J C, 1988. On strategic networks[J]. Strategic management journal, 9(1): 31-41.

JERNIGAN F E, 2008. Big BIM little Bim: the practical approach to building information modeling: integrated practice done the right way![M]. 2nd ed. Salisbury: 4 Site Press.

JICK T D, 1979. Mixing qualitative and quantitative methods: triangulation in action[J]. Administrative Science Quarterly, 24(4): 602-611.

JOHANSON J, MATTSSON L G, 1987. Interorganizational relations in industrial systems: a network approach compared with the transaction-cost approach[J]. International Studies of Management & Organization, 17(1): 34-48.

JONES C, HESTERLY W S, BORGATTI S P, 1997. A general theory of network governance: exchange conditions and social mechanisms[J]. Academy of Management Review, 22(4): 911-945.

JUGDEV K, MÜLLER R, 2005. A retrospective look at our evolving understanding of project success[J]. Project Management Journal, 36(4): 19-31.

KADEFORS A, 2004. Trust in project relationships—inside the black box[J]. International Journal of Project Management, 22(3): 175-182.

KAGIOGLOU M, COOPER R, AOUAD G, 2001. Performance management in construction: a conceptual framework[J]. Construction Management and Economics, 19(1): 85-95.

KANG Y, O'BRIEN W J, O'CONNOR J T, 2012. Analysis of information integration benefit drivers and implementation hindrances[J]. Automation in Construction, 22: 277-289.

KARIM K, MAROSSZEKY M, DAVIS S, 2006. Managing subcontractor supply chain for quality in construction[J]. Engineering, Construction and Architectural Management, 13(1): 27-42.

KENT D C, BECERIK-GERBER B, 2010. Understanding construction industry experience and attitudes toward integrated project delivery[J]. Journal of construction engineering and management, 136(8), 815-825.

KIVINIEMI A, FISCHER M, BAZJANAC V, 2005. Multi-model environment: links between objects in different building models[C]//Proceedings of the 2005 CIB W78 Conference, 19-21.

KNOKE D, YANG S, GRANADOS F J, 2002. Dynamics of strategic alliance networks in the global information sector, 1989–2000[C]//Conference: 18th EGOS Colloqium: The Dynamics of Networks.

KORIAT A, GOLDSMITH M, PANSKY A, 2000. Toward a psychology of memory accuracy[J]. Annual Review of Psychology, 51(1): 481-537.

KOSKELA L, 1992. Application of the new production philosophy to construction[M]. Stanford: Stanford University.

KRALJIC P, 1983. Purchasing must become supply management[J]. Harvard Business Review, 61(5): 109-117.

KUMAR N, STERN L W, ANDERSON J C, 1993. Conducting interorganizational research using key informants[J]. Academy of Management Journal, 36(6): 1633-1651.

KUNZ J, FISCHER M, 2005. Virtual design and construction: themes, case studies and implementation suggestions[J]. Center for Integrated Facility Engineering (CIFE).

KUNZ J, GILLIGAN B, 2007. Value from VDC/BIM Use: Survey Results-November 2007[C]//Construction Users Roundtable (CURT), 6: 2007.

LAMBERT D M, EMMELHAINZ M A, GARDNER J T, 1996. Developing

and implementing supply chain partnerships[J]. The International Journal of Logistics Management, 7(2): 1-18.

LARSEN G D, BALLAL T M A, 2005. The diffusion of innovations within a UKCI context: an explanatory framework[J]. Construction Management and Economics, 23(1): 81-91.

LARSON E, 1995. Project partnering: results of study of 280 construction projects[J]. Journal of Management in Engineering, 11(2): 30-35.

LARSON E, 1997. Partnering on construction projects: a study of the relationship between partnering activities and project success[J]. IEEE Transactions on Engineering Management, 44(2): 188-195.

LEHTINEN T, 2011. Boundaries matter–The pros and cons of vertical integration in BIM implementation[C]//IFIP International Conference on Advances in Production Management Systems. Springer, Berlin, Heidelberg, 578-585.

LEITE F, AKCAMETE A, AKINCI B, et al., 2011. Analysis of modeling effort and impact of different levels of detail in building information models[J]. Automation in Construction, 20(5): 601-609.

LU W W, LI H, 2011. Building information modeling and changing construction practices[J]. Automation in Construction.

LU W, PENG Y, SHEN Q, et al., 2012. Generic model for measuring benefits of BIM as a learning tool in construction tasks[J]. Journal of Construction Engineering and Management, 139(2): 195-203.

LUTH G P, 2011. VDC and the engineering continuum[J]. Journal of Construction Engineering and Management, 137(10): 906-915.

LLEWELLYN K N, 1930. What price contract-an essay in perspective[J]. Yale Lj, 40: 704.

LYYTINEN K, DAMSGAARD J, 2011. Inter-organizational information systems adoption–a configuration analysis approach[J]. European Journal of

Information Systems, 20(5): 496-509.

MALONE T W, 1987. Modeling coordination in organizations and markets[J]. Management science, 33(10): 1317-1332.

MANNING S, 2008. Embedding projects in multiple contexts–a structuration perspective[J]. International Journal of Project Management, 26(1): 30-37.

MARCH J G, SIMON H A, 1958. Organizations[M]. New York: Wiley.

MARIOTTI J L, 1999. The trust factor in supply chain management[J]. Supply Chain Management Review, 3(1): 70-77.

MAYER R C, GAVIN M B, 2005. Trust in management and performance: Who minds the shop while the employees watch the boss?[J]. Academy of Management Journal, 48(5): 874-888.

MEIER J, 1995. The importance of relationship management in establishing successful interorganizational systems[J]. The Journal of Strategic Information Systems, 4(2): 135-148.

MERSCHBROCK C, 2012a. The business value of BIM in North America: multi-year trend analysis and user ratings (2007-2012)[J]. Smart Market Report, New York: McGrraw-Hill Construction.

MERSCHBROCK C, 2012b. Unorchestrated symphony: The case of inter organizational collaboration in digital construction design[J]. Journal of Information Technology in Construction (ITcon), 17(22): 333-350.

MICHAN S, RODGER S, 2000. Characteristics of effective teams: a literature review[J]. Australian Health Review, 23(3): 201-208.

MILES M B, HUBERMAN A M, OAKS T, 1994. Qualitative data analysis: An expanded sourcebook[M]. 2nd ed. CA: Sage.

MILES R E, SNOW C C, 1992. Causes of failure in network organizations[J]. California Management Review, 34(4): 53-72.

MOONEY J G, GURBAXANI V, KRAEMER K L, 1996. A process oriented framework for assessing the business value of information technology[J]. ACM SIGMIS Database: the DATABASE for Advances in Information Systems, 27(2): 68-81.

MOUM A, 2009. The business value of BIM-getting building information modeling to the bottom line[J]. Smart Market Report, New York: McGraw-Hill Construction, 51.

MOW A T, NAYLOR K J, 2010. The business value of BIM in Europe: Getting Building Information Modeling to the Bottom Line in the United Kingdom, France and German[J]. Smart Market Report, New York: McGrraw-Hill Construction.

National BIM Standard Project Committee, 2007. National Building Information Modeling Standard, Version 1, Part 1: Overview, Principles, and Methodologies[S].

National Research Council, 2009. Advancing the competitiveness and efficiency of the US construction industry[M]. National Academies Press.

NOORDEWIER T G, JOHN G, NEVIN J R, 1990. Performance outcomes of purchasing arrangements in industrial buyer-vendor relationships[J]. The Journal of Marketing, 80-93.

O'CONNOR, PATRICK, 2007. Productivity and innovation in the construction industry: The case for Building Information Modeling[J]. The American College Of Construction Lawyers Journal, 1.

OLIVER A L, 2004. On the duality of competition and collaboration: network-based knowledge relations in the biotechnology industry[J]. Scandinavian Journal of Management, 20(1-2): 151-171.

OLIVER A L, EBERS M, 1998. Networking network studies: an analysis of conceptual configurations in the study of inter-organizational relationships[J]. Organization studies, 19(4): 549-583.

ORLIKOWSKI W J, 2008. Using technology and constituting structures: a practice lens for studying technology in organizations[M]//Resources, co-evolution and artifacts. Springer, London, 255-305.

OUCHI W G, 1980. Markets, bureaucracies, and clans[J]. Administrative Science Quarterly, 129-141.

Oxford, 2007. "Technology" — Compact Oxford English Dictionary[EB/OL]. (2007-10-1) [2012-12-11]. http://www. askoxford.com/concise_oed/technology? view=uk.

PARKER G M, 2007. Team players and teamwork[M]. 2nd ed. San Francisco, CA: Jossey-Bass.

PARKHE A, 1993. Strategic alliance structuring: a game theoretic and transaction cost examination of interfirm cooperation[J]. Academy of Management Journal, 36(4): 794-829.

PHILP D, 2012. BIM and the UK construction strategy[J]. Building Information Modelling.

PORTER M E, 1980. Competitive strategy: techniques for analyzing industries[J]. New York: Competitors, The Free Press.

POWELL W W, KOPUT K W, SMITH-DOERR L, 1996. Interorganizational collaboration and the locus of innovation: networks of learning in biotechnology[J]. Administrative Science Quarterly, 116-145.

PREMKUMAR G, KING W R, 1994. Organizational characteristics and information systems planning: an empirical study[J]. Information Systems Research, 5(2): 75-109.

QIAN A Y, 2012. Benefits and ROI of BIM for Multi-disciplinary Project Management[D]. National University of Singapore.

REDMOND A, HORE A, ALSHAWI M, et al., 2012. Exploring how information exchanges can be enhanced through cloud BIM[J]. Automation in

Construction, 24: 175-183.

RING P S, VAN DE VEN A H, 1992. Structuring cooperative relationships between organizations[J]. Strategic Management Journal, 13(7): 483-498.

RING P S, VAN DE VEN A H, 1994. Developmental processes of cooperative interorganizational relationships[J]. Academy of management review, 19(1): 90-118.

ROGERS E M, BHOWMIK D K, 1970. Homophily-heterophily: Relational concepts for communication research[J]. Public opinion quarterly, 34(4): 523-538.

ROWLINSON S, COLLINS R, TUULI M M, et al., 2010. Implementation of building information modeling (BIM) in construction: a comparative case study[C]. AIP Conference Proceedings. AIP, 1233(1): 572-577.

SAEED K A, MALHOTRA M K, GROVER V, 2005. Examining the impact of interorganizational systems on process efficiency and sourcing leverage in buyer–supplier dyads[J]. Decision Sciences, 36(3): 365-396.

SALIH S, 2012. The Impact of BIM/VDC on ROI: Developing a Financial Model for Savings and ROI Calculation of Construction Projects[D]. KTH Royal Institute of Technology.

SANDERS P, 1982. Phenomenology: a new way of viewing organizational research[J]. Academy of Management Review, 7(3): 353-360.

SCHLUETER A, THESSELING F, 2009. Building information model based energy/exergy performance assessment in early design stages[J]. Automation in Construction, 18(2): 153-163.

SCOTT W A, 1955. Reliability of content analysis: the case of nominal scale coding[J]. Public Opinion Quarterly, 321-325.

SEARS S K, SEARS G A, CLOUGH R H, et al., 2010. Construction project management[M]. John Wiley & Sons.

SEBASTIAN R, VAN BERLO L, 2010. Tool for benchmarking BIM

performance of design, engineering and construction firms in the Netherlands[J]. Architectural Engineering and Design Management, 6(4): 254-263.

SMITH D K, TARDIF M, 2009. Building information modeling: a strategic implementation guide for architects, engineers, constructors, and real estate asset managers[M]. John Wiley & Sons.

SMYTH H, 2008. The credibility gap in stakeholder management: ethics and evidence of relationship management[J]. Construction Management and Economics, 26(6): 633-643.

SOBRERO M, SCHRADER S, 1998. Structuring inter-firm relationships: a metaanalytic approach[J]. Organization Studies, 19(4): 585-615.

SODA G, USAI A, ZAHEER A, 2004. Network memory: The influence of past and current networks on performance[J]. Academy of Management Journal, 47(6): 893-906.

SÖDERLUND J, ANDERSSON N, 1998. A framework for analysing project dyads-the case of discontinuity, uncertainty and trust[M]//Projects as arenas for renewal and learning processes. Boston, MA: Springer, 181-189.

SOLIMAN K S, JANZ B D, 2004. An exploratory study to identify the critical factors affecting the decision to establish Internet-based interorganizational information systems[J]. Information & Management, 41(6): 697-706.

STEELE J L, MURRAY M A P, 2000. Constructing the team—A multicultural experience[J]. Proc., Chartered Institute of Building.

STRAUSS A, CORBIN J M, 1990. Basics of qualitative research: Grounded theory procedures and techniques[M]. Sage Publications, Inc.

SUCCAR B, 2009. Building information modelling framework: a research and delivery foundation for industry stakeholders[J]. Automation in Construction, 18(3): 357-375.

SUERMANN P C, 2009. Evaluating the impact of building information modeling (BIM) on construction[R]. University of Florida.

SYDOW J, STABER U, 2002. The institutional embeddedness of project networks: the case of content production in German television[J]. Regional Studies, 36(3): 215-227.

TAN M, RAMAN K, 2002. Interorganizational systems and transformation of interorganizational relationships: a relational perspective[J]. ICIS 2002 Proceedings 92.

TAYLOR J E, LEVITT R, 2004. Understanding and managing systemic innovation in project-based industries[J]. Innovations: Project Management Research, 83-99.

TAYLOR J E, 2007a. Antecedents of successful three-dimensional computer-aided design implementation in design and construction networks[J]. Journal of Construction Engineering and Management, 133(12): 993-1002.

TAYLOR J E, LEVITT R, 2007b. Innovation alignment and project network dynamics: an integrative model for change[J]. Project Management Journal, 38(3): 22-35.

TAYLOR J E, BERNSTEIN P G, 2009. Paradigm trajectories of building information modeling practice in project networks[J]. Journal of Management in Engineering, 25(2): 69-76.

TEICHOLZ P, 2004. Labor productivity declines in the construction industry: causes and remedies, AECbytes viewpoint#4[J]. Center for Integrated Facility Engineering, Stanford University.

TERVONEN T, FIGUEIRA J R, LAHDELMA R, et al., 2009. A stochastic method for robustness analysis in sorting problems[J]. European Journal of Operational Research, 192(1): 236-242.

THEMISTOCLEOUS M, IRANI Z, O'KEEFE R M, 2001. ERP and application integration: exploratory survey[J]. Business Process Management

Journal, 7(3): 195-204.

THIBAUT J W, KELLEY H H, 1959. The social psychology of groups[J]. Social Service Review.

THOMAS G, THOMAS M, 2008. Construction partnering and integrated teamworking[M]. John Wiley & Sons.

THOMPSON D B, MINER R G, 2006. Building information modeling-BIM: contractual risks are changing with technology[EB/OL]. http://aeronet.org/Guest%20 Essays/ GE%20-%202006_09%20-%20Building%Information%20Modeling.pdf.

THOMPSON P J, SANDERS S R, 1998. Peer-reviewed paper: partnering continuum[J]. Journal of Management in Engineering, 14(5): 73-78.

THORELLI H B, 1986. Networks: between markets and hierarchies[J]. Strategic Management Journal, 7(1): 37-51.

TYNDALL G, GOPAL C, PARTSCH W, et al., 1998. Supercharging supply chains: new ways to increase value through global operational excellence[M]. New York: Wiley.

UDOM K, 2012. BIM: Mapping out the Legal Issues. Building Information Modelling[EB/OL]. (2012-2-1) [2013-7-9]. http://www.thenbs.com/topics/bim/ articles/bimMappingOutTheLegalIssues.asp.

UZZI B, 1997. Social structure and competition in interfirm networks: the paradox of embeddedness[J]. Administrative Science Quarterly, 35-67.

VAN DE VEN A H, 1976. On the nature, formation, and maintenance of relations among organizations[J]. Academy of Management Review, 1(4): 24-36.

VAN DE VEN A H, 1986. Central problems in the management of innovation[J]. Management Science, 32(5): 590-607.

VICKERY S K, JAYARAM J, DROGE C, et al., 2003. The effects of an integrative supply chain strategy on customer service and financial performance: an analysis of direct versus indirect relationships[J]. Journal of Operations

Management, 21(5): 523-539.

WANG G B, TAN D, JIA G S, et al., 2011. PBS-based integrated breakdown structure model for mega project management information system in China[C]//JG Teng, Proceedings of the First International Conference on Sustainable Urbanization, The Hong Kong Polytechnic University.

WANG Y M, WANG Y S, YANG Y F, 2010. Understanding the determinants of RFID adoption in the manufacturing industry[J]. Technological forecasting and social change, 77(5): 803-815.

WATSON A, 2011. Digital buildings – Challenges and opportunities[J]. Advanced Engineering Informatics, 25(4): 573-581.

WESTERVELD E, 2003. The Project Excellence Model®: linking success criteria and critical success factors[J]. International Journal of Project Management, 21(6): 411-418.

WETZELS M, DE RUYTER K, VAN BIRGELEN M, 1998. Marketing service relationships: the role of commitment[J]. Journal of Business & Industrial Marketing, 13(4/5): 406-423.

WILLIAMSON O E, 1975. Markets and hierarchies[J]. New York, 26-30.

WILLIAMSON O E, 1979. Transaction-cost economics: the governance of contractual relations[J]. The journal of Law and Economics, 22(2): 233-261.

WINDELER A, SYDOW J, 2001. Project networks and changing industry practices collaborative content production in the German television industry[J]. Organization Studies, 22(6): 1035-1060.

WONG A K D, WONG F K W, NADEEM A, 2010. Attributes of building information modelling implementations in various countries[J]. Architectural Engineering and Design Management, 6(4): 288-302.

YIN R K, 1984. Case Study Research: Design and Methods[M]. Beverly Hills, Calif: Sage.

YIN R K, 1994. Case study research: design and methods[M]. 2nd ed. Thousand Oaks, CA: Sage.

YOO Y, LYYTINEN K J, BOLAND R, et al., 2010. The New Wave of Digital Innovation: Opportunities and Challenges: A Report on the Research Workshop 'Digital Challenges in Innovation Research'[J]. Social Science Electronic Publishing.

YOUNG N W, JONE S, BERNSTEIN H M, 2008. Building Information Modeling (BIM): Transforming Design and Construction to Achieve Greater Industry Productivity[J]. Smart Market Report, New York: McGlraw-Hill Construction.

ZADEH L A, 1965. Fuzzy sets[J]. Information and control, 8(3), 338-353.

ZAGHLOUL R, HARTMAN F, 2003. Construction contracts: the cost of mistrust[J]. International Journal of Project Management, 21(6): 419-424.

ZAHEER A, MCEVILY B, PERRONE V, 1998. Does trust matter? Exploring the effects of interorganizational and interpersonal trust on performance[J]. Organization Science, 9(2): 141-159.

ZHANG M, TAN D, ZHANG Y, 2013. Analysis of BIM application relationship with integration degree of construction environment[J]. Chinese Journal of Population Resources and Environment, 11(1): 92-96.